Klaus Bergmann, Rita Rohrbach

Chance Geschichtsunterricht

AF238502

**WOCHEN
SCHAU**
GESCHICHTE

KLAUS BERGMANN, RITA ROHRBACH

Chance
Geschichtsunterricht

Eine Praxisanleitung für den Notfall,
für Anfänger und Fortgeschrittene

WOCHEN
SCHAU
GESCHICHTE

Bibiliografische Information der Deutschen Nationalbibliothek

Die Deutsche Nationalbibliothek verzeichnet diese Publikation in der Deutschen Nationalbibliografie; detaillierte bibliografische Daten sind im Internet über http://dnb.d-nb.de abrufbar.

Die Reihe „Methoden Historischen Lernens"
wird herausgegeben von

Michele Barricelli
Peter Gautschi
Ulrich Mayer
Hans-Jürgen Pandel
Gerhard Schneider
Bernd Schönemann

© by WOCHENSCHAU Verlag
Schwalbach/Ts. 2013
2. Auflage

www.wochenschau-verlag.de

Zeichnungen: Nike Thurn
Umschlaggestaltung: Ohl Design
Gedruckt auf chlorfrei gebleichtem Papier
Gesamtherstellung: Wochenschau Verlag
ISBN 978-3-87920-752-7

Inhalt

Vorwort

Klaus Bergmann und ich begannen dieses Buch im Jahr 2000. Ganz besonders intensiv arbeiteten wir 2002 daran und stellten es kurz vor seinem Tod fertig. Wir hatten große Freude bei der Planung und bei allen Absprachen. Es sollte ein anderes Buch werden als die üblichen Didaktikbücher, weil es andere Wege zum Geschichtsunterricht aufzeigen sollte. Es sollte dazu ermutigen, alte Wege zu verlassen und Rahmenpläne und Geschichtsbücher mit ihren Stoffbindungen sowie Regeln der Geschichtsdidaktik mit ihren manchmal nicht zu erfüllenden Ansprüchen in Frage zu stellen. Klaus Bergmann und ich waren häufig von Kollegien unseres Landkreises gebeten worden, eine schulinterne Lehrerfortbildung für solche Lehrenden durchzuführen, die fachfremd unterrichteten. Diese wiederholten den Unterricht, den sie selbst in der Schule erlebt hatten und – so sagten sie es uns selbst – erreichten damit ihre Lerngruppen nicht mehr. Während der Vor- und Nachbereitungen sowie der Durchführung solcher schulinterner Lehrerfortbildungen für die Sekundarstufe 1 entstand die Idee zu diesem Buch. Nun ist es ein Werk geworden, das nicht nur Fachfremden und Neulingen, sondern auch Fortgeschrittenen viele Anregungen geben kann, einen schülerzentrierten Geschichtsunterricht durchzuführen.

Wir wünschten uns, dass unser Buch den oft entmutigten Kolleginnen und Kollegen Wege aufzeigen sollte, ohne Angst einen anderen Unterricht zu wagen. Wenn Klaus Bergmann und ich uns gegenseitig fertige Kapitel vorlasen, überprüften wir sie an diesem Anspruch.

Wir waren uns dabei auch bewusst, dass wir nicht alle wichtigen Methoden oder Medien genügend besprochen und manchen Anspruch der Geschichtsdidaktik nicht ernst genug genommen haben. Würden wir aber allen Ansprüchen genügen, wäre das Buch keines mit notwendigen Vereinfachungen und fröhlichen Ermutigungen geworden, sondern hätte das „differenzierte Instrumentarium eines OP'S", wie es ein Kollege einmal ausdrückte.

Das Manuskript wurde von mir geringfügig erweitert. Auf Wunsch der Herausgeber der Reihe „Methoden historischen Lernens" wurden noch einige Änderungen vorgenommen und zusätzliche Beispiele aufgenommen.

Klaus Bergmann ist im November 2002 verstorben. Die Weiterarbeit an diesem Buch erfolgte nicht ohne Trauer um einen warmherzigen, klugen, ernsthaften Kollegen und Freund, der für seine Mitarbeiterinnen und Mitarbeiter sowie für die Studierenden des Fachbereiches und die Lehrerinnen und Lehrer der Schulen im Kreis immer eine offene Tür hatte und für den ein schülerorientierter Geschichtsunterricht mit demokratischen Zielen keine Utopie war.

An dieser Stelle möchte ich Klaus Bergmanns Frau, Prof. Susanne Thurn, dafür danken, dass sie unser Manuskript kritisch gelesen hat. Ganz besonders danke ich aber Nike Thurn für die fröhlichen Comics zu meinen Mind Maps.

Rita Rohrbach, Gießen, im Mai 2005

Klaus Bergmann

1. Traditioneller Geschichtsunterricht und Neuer Geschichtsunterricht

Sie stehen vor einer schwierigen Aufgabe. Sie sollen ein Fach unterrichten, das Sie nicht studiert haben, ja das sie sogar absichtlich nicht studiert haben. Sich an den eigenen erfahrenen oder erlittenen Geschichtsunterricht erinnernd, teilen Sie möglicherweise die negativen Ansichten über Geschichtsunterricht, die in der Bevölkerung weit verbreitet sind. Lassen Sie sich darauf ein, unvoreingenommen und unbefangen neu über Geschichte und Geschichtsunterricht nachzudenken.

Oder aber: Sie sollen ein Fach unterrichten, das sie zwar studiert haben, dessen Didaktik aber in Ihrem Studium eher Nebensache war. Hauptsache war: Eine gute Historikerin oder ein guter Historiker zu werden. So haben sie zwar gelernt, wie man historisch forscht, wie man bibliographiert und zitiert, jetzt aber stehen Sie vor 14-jährigen pubertierenden Mädchen und Jungen, die sich überhaupt nicht – und zwar *vollkommen zu Recht* – dafür interessieren, wer Mutius Scaevola war, von wann bis wann die Punischen Kriege dauerten, wie man schematische Darstellungen von Herrschaftsformen in der Antike lesen muss oder welche Bedeutung der Schlacht bei Großbeeren im Jahre 1813 zukam.

Oder aber: Sie sind erfahrener Geschichtslehrer, möchten aber alte und ausgetretene Pfade ihres zwar bewährten, aber Sie nicht mehr befriedigenden Geschichtsunterricht verlassen und nach neuen Wegen historischen Lernens suchen.

Ihr Anfängerstatus, Ihre Fachfremdheit oder Ihre Unzufriedenheit eröffnen Ihnen auch eine Chance – nämlich offen mit den Schülerinnen und Schülern die genannten Probleme zu besprechen und sich vorzunehmen, dass man jetzt gemeinsam Anstrengungen machen werde, um spannende Momente im Fach Geschichte zu entdecken. Ein solches Gespräch wird Ihre Autorität eher stärken als schwächen und die Zusammenarbeit zwischen Lehrenden und Lernenden verbessern: Die Lehrenden geben sich zugleich als Lernende und Lernwillige zu erkennen.

◆ Lassen Sie sich neugierig machen durch eine Zeichnung einer Schülerin (s. Abb. 1, S. 10).

Abb. 1: Schülerzeichnung

Mag sein, Sie haben selber ein Bild des „alten" Geschichtsunterrichts vor Augen, den Sie erfahren oder erlitten haben. Hier sehen Sie ein anderes Bild. Thema ist die Beschäftigung mit der Steinzeit in der Schule. Gezeichnet hat dieses Bild eine Schülerin im Alter von 15 Jahren im Jahr 1997.

Das Bild zeigt Schülerinnen und Schüler vor dem Hintergrund einer Zeitleiste, miteinander im Gespräch, lesend, einzeln an der Zeitleiste etwas eintragend, den Lehrer um eine Auskunft angehend. Der Lehrer sitzt entspannt als Ansprechpartner ganz an der Seite. Er steht nicht im Mittelpunkt. Im Mittelpunkt stehen die Schülerinnen und Schüler und die Sache, mit der sie sich befassen. Die Schülerinnen und Schüler tun Unterschiedliches, sind aber alle „bei der Sache", „arbeiten". Die Atmosphäre ist entspannt und von freundlicher Zuwendung und „Kommunikation" geprägt.

Eine pädagogische Idylle oder eine pädagogische Utopie, die einer Schülerin als Kontrast zum Normalunterricht eingefallen ist? Nein – es handelt sich vielmehr um die Wiedergabe einer Erfahrung, eines selbst erlebten Geschichtsunterrichts. Daran wird deutlich, dass es auch einen „anderen" Geschichtsunterricht gibt.

◆ Lassen Sie sich neugierig machen durch die „Fragen eines lesenden Arbeiters"

Ein Gedicht als Richtschnur für die Einstellung zum Geschichtsunterricht – warum nicht? Es handelt sich um ein Lehrgedicht Bertolt Brechts. Wahrscheinlich kennen Sie es, aber auch dann kann es kaum schaden, wenn Sie es noch einmal in seiner ganzen Tragweite zu verstehen versuchen und wenn Sie es dann mit Schülerinnen und Schülern durchsprechen. Diese werden es Ihnen danken, weil sie dadurch einen für sie überraschenden neuen Blick auf die Geschichte bekommen und in der Regel ein Aha-Erlebnis haben.

1934 im Exil verfasst, stellt das Gedicht einen ebenso häufigen wie gedankenlosen Umgang mit Geschichte in Frage. Der lesende Arbeiter stößt bei der Lektüre von damals gebräuchlichen Geschichtsbüchern auf eine Sichtweise, die für die Geschichtsschreibung dieser Zeit typisch war: Geschichte ist die Geschichte großer Persönlichkeiten, die „Geschichte machen". Durch Brechts Vorgehen hingegen wird der Leser angeregt, die Sichtweise zu wechseln und neue, scheinbar naive Fragen zu stellen – Fragen, die einen ganz neuen Horizont eröffnen: Er fragt nach den Arbeitenden, Geschundenen, Leidenden in der Geschichte.

Fragen eines lesenden Arbeiters [1]

Wer baute das siebentorige Theben?
In den Büchern stehen die Namen von Königen.
Haben die Könige die Felsbrocken herbeigeschleppt?
Und das mehrmals zerstörte Babylon –
Wer baute es so viele Male auf? In welchen Häusern
Des goldstrahlenden Lima wohnten die Bauleute?
Wohin gingen an dem Abend, wo die Chinesische Mauer fertig war
Die Maurer? Das große Rom
Ist voll von Triumphbögen. Wer errichtete sie? Über wen
Triumphierten die Cäsaren? Hatte das vielbesungene Byzanz
Nur Paläste für seine Bewohner? Selbst in dem sagenhaften Atlantis
Brüllten in der Nacht, wo das Meer es verschlang
Die Ersaufenden nach ihren Sklaven.

Der junge Alexander eroberte Indien.
Er allein?
Cäsar schlug die Gallier.
Hatte er nicht wenigstens einen Koch bei sich?
Philipp von Spanien weinte, als seine Flotte
Untergegangen war. Weinte sonst niemand?
Friedrich der Zweite siegte im Siebenjährigen Krieg. Wer
Siegte außer ihm?

Jede Seite ein Sieg.
Wer kochte den Siegesschmaus?
Alle zehn Jahre ein großer Mann.
Wer bezahlte die Spesen?

So viele Berichte.
So viele Fragen.

Ist es nicht spannend, die Perspektive zu wechseln, nach den Namenlosen und Stummen in der Geschichte zu fragen? Und es kann genau so eine Chance sein, schon Kindern diesen Wechsel des Blicks, der Hin-

Sicht zu vermitteln, so dass sie eines Tages von sich aus die Frage stellen: „Er allein?"?

Und schließlich: Eine Bemerkung von Kurt Tucholsky

> „Die Leute blicken immer so verächtlich auf vergangene Zeiten, weil sie dies und jenes ‚noch' nicht besaßen. Aber dabei setzen sie stillschweigend voraus, dass die neuere Epoche alles das habe, was man früher gehabt hat, plus dem Neuen. Das ist ein Denkfehler. Es ist nicht nur vieles hinzugekommen, es ist auch vieles verloren gegangen, im Guten und im Bösen. Die von damals hatten vieles noch nicht. Aber wir haben vieles nicht mehr."[2]

Das, was wir gemeinhin „Geschichte" nennen, ist in dieser Wahrnehmung kein einsinniger Fortschrittsprozess. Wer genauer fragt und hinschaut, entdeckt Errungenschaften und Hypotheken, Gewinne und Verluste, Ideen und Erfahrungen, faszinierend Anderes und Fremdartiges ebenso wie Vertrautes und seine Herkunft.

◆ Lösen Sie sich von alten Vorstellungen über Geschichte – sie sind überholt.

Fangen wir also damit an, was Geschichte nicht ist. Geschichte ist nicht die Registrierkasse der Vergangenheit, in der abgebucht wird, was sich jemals zugetragen hat – ein Sammelsurium von Daten und Fakten, Persönlichkeiten und Epochen. Sie ist auch nicht das Abbild einer vergangenen Wirklichkeit. Die Daten und Fakten aller Art, die von Historikern festgestellt werden, sind nichts mehr als das Material, aus dem „Geschichte" erst „gemacht" wird. Geschichte und Vergangenheit sind nicht dasselbe: Geschichte besteht aus einer nicht abreißenden Kette von immer neuen, unserer Zeit gemäßen Deutungen von Vergangenem. Man könnte auch sagen: Geschichte besteht aus einer Vielzahl von Antworten, die sich aus gegenwärtigen Fragen an die Vergangenheit ergeben – immer neue Fragen ergeben immer neue Antworten. Es ist wie mit unseren eigenen lebensgeschichtlichen Erinnerungen: Wir erinnern uns im Laufe unseres Lebens immer wieder neu an Vorkommnisse unserer Lebensgeschichte und deuten sie im Lichte neuer Erfahrungen und einer fortgeschrittenen Zeit anders, als wir uns früher an sie erinnert haben. Und eben dadurch hat Geschichte jeder Zeit etwas zu sagen. Das schließt übrigens auch ein, dass andere Vorkommnisse oder Prozesse vergessen werden – und darum befassen sich Historiker heute mit ganz anderen Sachverhalten als frühere Historiker, und darum lernen Kinder und Jugendliche heute ganz anderes im Geschichtsunterricht als ihre Eltern oder gar Großeltern. Wir gedenken heute nicht mehr der Schlacht bei Sedan 1870, in der „wir" Frankreich geschlagen haben.

◆ Geschichte ist keine Widerspiegelung von Vergangenheit, sondern gegenwärtiges Nachdenken über vergangenes menschliches Denken, Handeln und Leiden, das zu immer neuen Deutungen führt.

◆ Lösen Sie sich von alten Vorstellungen über das Lernen – sie sind überholt.

Wir alle kranken noch immer an alten Vorstellungen über Lernen im Allgemeinen und über historisches Lernen im Besonderen. Lernen besteht danach in einer Aneignung eines möglichst umfangreichen Wissens, das im Gedächtnis abgelagert wird und bei Bedarf abgerufen werden kann. Im Geschichtsunterricht handelt es sich um ein sogenanntes „Überblickswissen" der „wichtigsten" Begebenheiten und Epochen der Vergangenheit, das gelernt und abgespeichert werden soll. Was an historischen Fakten „wichtig" ist, steht im Schulbuch und muss schlicht gelernt werden. Die „Stoffe" beherrschen den Unterricht, und wir lassen noch allzu oft Stoffe lernen statt an Stoffen lernen zu lassen. Eine solche Vorstellung von Lernen ist aus mehreren Gründen überholt, und Sie müssen diese Gründe kennen, um selbstbewusst einen Geschichtsunterricht anleiten zu können, der sich ziemlich radikal von dem Geschichtsunterricht unterscheidet, den Sie selber erfahren oder erlitten haben. Die wichtigsten Gründe:

1. Es ist im Lauf der Zeit von Gesellschaft zu Gesellschaft verschieden, was als wichtiges und unverzichtbares historisches Wissen gilt. Historisches Wissen geht aus zeitbedingten Erinnerungen hervor. Unter dem Eindruck von Gegenwartserfahrungen erinnern sich die Menschen an bestimmte Vorkommnisse der Vergangenheit, die sie als wichtig und wesentlich empfinden, während andere zeitweilig vergessen oder abgedrängt werden. Neue Herausforderungen können bewirken, dass man sich an zeitweilig Vergessenes wieder erinnert und zuvor als wichtig Festgehaltenes wiederum vergessen wird. Historisches Wissen ist also hoch selektiv. Geschichte ist immer zeitgemäße Deutung – heute so, morgen so. Es ist also unmöglich, eine endgültige Geschichte zu lernen.

2. Nach allen Annahmen und Befunden wird selber ermitteltes und sinnvoll verknüpftes Wissen eher in den Gedächtnisspeicher aufgenommen als ein fremd gesetztes Wissen. Das als fremdgesetztes

Pensum gelernte Wissen verfällt dem Vergessen – nach dem Operetten-motto „Glücklich ist, wer vergisst, was doch nicht zu ändern ist". Jede Quiz-Sendung mit Günther Jauch bestätigt, was wir immer schon wussten: Das für die Schule gelernte Geschichtswissen wird im Leben schlicht vergessen.

3. Daraus ergibt sich: Wichtig ist vor allem, Operationen historischen Erinnerns zu lernen, selber erinnerungsfähig zu werden und zu wissen, wie man ein Problem der Gegenwart historisch vertiefen kann.

◆ Lernen heißt auch im Geschichtsunterricht vor allem, die Fähigkeit zu erwerben, sich selber über die Wirklichkeit in eigenständigen geistigen Akten aufklären zu können, die wir historisches Denken nennen

◆ Lösen Sie sich von alten Vorstellungen über Geschichtsunterricht – sie sind überholt.

Was den Geschichtsunterricht in Verruf gebracht und zu einem unbeliebten Fach gemacht hat, war das chronologisch fortschreitende Abarbeiten von Vorkommnissen und Entwicklungen, die keinen Be-zug zu den Lebenssituationen und Lebensperspektiven der Schülerin-nen und Schüler erkennen ließen. Geschichte war ein Wissensstoff, der durch Schulbuch und/oder Lehrervortrag vorgegeben war und den man als Pensum lernen musste. Geschichte war das, was im Schulbuch stand und was der Lehrer als Wissen vermittelte – eben ein scheinbar ein für allemal feststehendes und unbefragtes Pensum, dessen einzige – und irgendwann uneinsehbare – Begründung war, dass man ohne dieses Pensum die Gegenwart nicht verstehen könne. So wird heute niemand mehr Geschichtsunterricht begründen können. Heute wird man eher sagen: Geschichte ist ein Nachdenken über Lebensformen, Wertvorstel-lungen, Erfahrungen in der Vergangenheit, das zu Nachdenklichkeit beitragen soll.

◆ Trennen Sie sich von einem Geschichtsunterricht, der in Absichten, Inhalten und Methoden überholt ist.

1.1 Absichten des traditionellen Geschichtsunterrichts

Absicht, mindestens aber Funktion des traditionellen Geschichtsunter-richts war es, aus jungen Menschen treue Untertanen oder in jedem Falle loyale Staatsbürger der historischen deutschen Staaten werden zu lassen.

Der Geschichtsunterricht hatte die Aufgabe oder die Funktion, aus Badenern oder Hessen-Darmstädtern oder Bayern gute Deutsche zu machen. Fachsprachlich ausgedrückt: Der Geschichtsunterricht diente einem historischen Prozess von „nation building". Wurde den Schülerinnen und Schülern vordem die „Liebe" zum Herrscherhaus oder zum Volk abverlangt, sollten sie später durch den Geschichtsunterricht die „Liebe" zur demokratischen Staatsordnung oder zur sozialistischen „Menschengemeinschaft" in Deutschland lernen. In jedem Falle sollten die Schülerinnen und Schüler sich mit der bestehenden Staatsordnung identifizieren, indem sie die Geschichte des deutschen Volkes bis auf ihre Tage in sich aufnahmen. Der Geschichtsunterricht sollte historisch untermauern, dass die bestehende Staatsordnung die beste aller bislang bestehenden Welten garantierte. So war ausgerechnet das Fach Geschichte, das mit Veränderungen und der Notwendigkeit von Veränderungen zu tun hat, dazu ausersehen, den status quo zu befestigen und die Gegenwart als nicht veränderungsbedürftig erscheinen zu lassen.

Es waren letztlich die gesellschaftlichen Eliten, die über die staatlichen Richtlinien und Lehrpläne bestimmten, was in ihrem Sinne im Geschichtsunterricht zu lernen war. Es war ihre Geschichte, ihr historisches Selbstverständnis, was in den Schulen gelehrt wurde. Und so hat der Philosoph Günther Anders einmal zu Recht darauf hingewiesen, dass in diesem Geschichtsunterricht, „an dem die Proletarierkinder wie die anderen teilnehmen", „sie in diesem fast ausschließlich mit *Fremdgeschichte* gefüttert werden, kaum je mit der *Geschichte des Leids*, also mit der Abfolge der von ihren Vorfahren erlittenen Demütigungen."[3] Geschichtsunterricht war *Gesinnungsunterricht*,[4] in dem eine verbindliche Gesinnung angelegt werden sollte und in dem die unterschiedlichen sozialen Erfahrungen und Erinnerungen – so wie die unterschiedlichen sozialen und regionalen Sprachen in einer „Hochsprache" – in einer „Hochgeschichte" aufgehen sollten.

1.2 Inhalte des traditionellen Geschichtsunterrichts

Die erwünschte Gesinnung bedingte im traditionellen Geschichtsunterricht eine bestimmte Sicht auf die Vergangenheit: Im Geschichtsunterricht sollten jene vorwiegend politischen Ereignisse gelernt und zu einer Kette zusammengefügt werden, die den gegenwärtigen Zustand herbeigeführt hatten. In chronologischer Abfolge wurden die Begebenheiten vermerkt und als Lernpensum aufgegeben, die als Ursachen der Gegenwart angesehen wurden. Als Geschichte galt nur politische Ereignisgeschichte, die wiederum häufig reduziert wurde auf das

Handeln der großen und übergroßen Persönlichkeiten. Geschichte war die Geschichte dessen, was sich letztlich durchgesetzt hatte. Geschichte war *Erfolgsgeschichte*.[5] Die Schülerinnen und Schüler konnten dabei kaum je erkennen, was Geschichte mit ihnen zu tun hatte – die Mädchen schon gar nicht, weil es sich vor allem um eine Geschichte der Männer und aus vorwiegend männlicher Perspektive handelte.

Neben dieser Erfolgsgeschichte gab es kaum einen anderen Zugriff auf die Vergangenheit. Wie die Menschen der Vergangenheit ihre Grundbedürfnisse befriedigt haben, sich gekleidet, ernährt, wie sie gelitten oder gefeiert haben, was Krankheit für sie bedeutete und welche Hoffnungen sie auf eine bessere Zukunft hatten, kam im Geschichtsunterricht so wenig vor wie die Erfahrungen, die sie als Frauen, Männer oder Kinder ihrer Zeit gemacht haben und haben machen müssen. Das Ungelungene, nur Gedachte und Gewollte, das Menschen früherer Zeiten bewegt hatte, wurde als unbedeutend ausgeklammert. Die Erfahrungen, die Leiden, Nöte und Hoffnungen der übergroßen Mehrheit der Bevölkerung galten als irrelevant. Man stellte zwar fest „Philipp von Spanien weinte, als seine Flotte untergegangen war", fragte aber nicht „Weinte sonst niemand?"

1.3 Methoden des traditionellen Geschichtsunterrichts

Es gibt eine klassische Beschreibung dieses traditionellen Geschichtsunterrichts. Oskar Jäger, ein Geschichtsdidaktiker des 19. Jahrhunderts, hat 1877 einen Umgang mit dem Schulbuch beschrieben, der heute noch gelegentlich im Geschichtsunterricht anzutreffen ist:

> „Der Lehrer lässt den betreffenden Abschnitt durch einen Schüler deutlich, nicht zu rasch, vorlesen; er erzählt sodann, nicht zu weit von der Ordnung des Buches sich entfernend (was ja auch kaum möglich) die Geschichte etwas ausführlicher, mit Zuhilfenahme der Wandkarte, wobei Fragen, welche das Verständnis fördern und kontrollieren, leicht sich ergeben. Das Thatsächliche wird, nachdem dies geschehen, entweder katechetisch abgefragt, oder (mit Abwechslung, denn nicht jeder Stoff ist dazu geeignet) von einem oder dem Anderen Schüler nacherzählt. Als häusliche Aufgabe wird dann das nochmalige aufmerksame Durchlesen des Abschnittes aufgegeben, in der nächsten Stunde das Thatsächliche abgefragt. Nachdem so dieser Abschnitt erledigt ist, geht der Lehrer weiter zum nächsten".[6]

Was hier beschrieben wird, ist das Grundmuster eines Geschichtsunterrichts, der auf die Speicherung von angeblich unbezweifelbar richtigem Wissen abhebt. Enthüllend an dem Zitat ist die Wendung, der

Lehrer möge sich nicht zu weit von der Ordnung des Buches entfernen, „was ja auch kaum möglich" sei – kaum möglich, weil die Ordnung des Buches in diesem Verständnis der Ordnung der historischen Realität entsprach. Als Sozialform kam im übrigen bei dieser kommunikativen Einbahnstraße nur ein autoritärer Frontalunterricht in Betracht, in dem der Lehrer das Unterrichtsgeschehen bestimmte, Fragen stellte und die Antworten als falsch oder richtig klassifizierte und zensierte. Die Sitzordnung der Kinder und Jugendlichen und der Stand- oder Sitzort des Lehrers spiegelten den Geist dieses *Belehrungsunterrichts*[7] wieder.

1.4 Neue Zeiten – neue Geschichtsdidaktik – Neuer Geschichtsunterricht

Es gibt in unserer Zeit gute und wichtige, ja zwingende Gründe, immer neu über Geschichtsunterricht nachzudenken und reformerische Denkansätze der letzten Jahrzehnte entschieden fortzuführen. Wichtiges ist schon gesagt: Wir denken heute anders als früher über die theoretischen Grundlagen von Geschichte und Geschichtsunterricht, über Zulässiges und Unzulässiges, über Mögliches und Notwendiges, über Erinnern und Vergessen.

Anderes kommt hinzu und zwingt zum neuen Nachdenken. Kinder und Jugendliche wachsen unter gänzlich anderen Verhältnissen auf als je eine Generation vor ihnen. Inmitten der Krisen der Globalisierung vermitteln die Medien ihnen das Leben als eine *soap opera* von „guten Zeiten, schlechten Zeiten" als Zeiten gelingender oder misslingender Beziehungen. Und doch ahnen sie, was wir Älteren wissen: Sie wachsen in eine Zeit hinein, die von „Deregulierungen" und „Flexibilisierungen", globalen Ungerechtigkeiten und Zerstörungen, Terrorismus und Krieg bestimmt und mit all ihren Krisen und Anforderungen in ihre Lebensverhältnisse durchschlagen wird. Und sie bringen in ihrer Mediengesellschaft eine Fülle an historischem Vorwissen, an bedenklichen Vorurteilen und Deutungsmustern mit wie nie eine Generation zuvor.

Und wir sollten so tun, als könnten wir im Geschichtsunterricht im alten Trott weitermachen? Wir sollten sie, die ganz andere Probleme haben, ein „historisches Überblickswissen" lernen lassen, eine chronologisch gereihte Sammlung von Vorkommnissen und Prozessen, von denen vollmundig behauptet wird, dass ohne ihre Kenntnis die Gegenwart nicht begreifbar sei? Wir sollten sie, die in einer globalisierten Welt und einer multikulturellen Gesellschaft aufwachsen, nach wie vor zu einer „nationalen Autobiographie", der Geschichte des deutschen Volkes, hinführen? Wir sollten sie Ansichten über die Vergangenheit lernen lassen, von denen wir wissen, dass sie morgen schon wieder überholt sind, und sollten sie ein Wissen horten lassen, von dem wir wissen, dass es ungewöhnlich kurze Halbwertzeiten hat? Es hat unbestritten ungewöhnlich kurze Halbwertzeiten, weil mit der Beschleunigung der Lebensverhältnisse immer neue Erfahrungen zu immer neuen Fragen an die Vergangenheit führen, die das – deutende – historische Wissen der Zeit immer wieder verändern.

1.5 Geschichte – nie war sie so wertvoll wie heute

Angesichts der scheinbar so völlig neuen Probleme und Herausforderungen unserer Zeit könnte der Gedanke aufkommen: Was soll den Schülerinnen und Schülern da noch die Geschichte als Auseinandersetzung mit einer abgelebten, überwundenen Vergangenheit? Lasst doch die Toten ihre Toten begraben, wo wir so andere Probleme haben – Zukunftsprobleme von scheinbar einzigartiger Neuigkeit. Oder? Wir behaupten dagegen: Nie war Geschichte so wertvoll wie heute.

Wir begründen zunächst mit einem banalen Argument: Schülerinnen und Schüler müssen in der Schule ein Wissen über die Entstehung und Gewordenheit der Gegenwart erwerben, wenn sie sich denn zurechtfinden wollen und sollen. Und sie müssen im Geschichtsunterricht vor allem die Fähigkeit erwerben, auch ohne fremde Hilfe und ohne Dreinrede oder Vorgabe anderer das Gewordensein zu rekonstruieren.

Es gibt Errungenschaften aus der Vergangenheit, die den Schülerinnen und Schülern selbstverständlich sind. Sie sind in langen Prozessen unter schwierigen Umständen und Widerständen durch bestimmte Formen menschlichen Handelns durchgesetzt worden. Dazu gehören etwa die Menschenrechte im Allgemeinen oder die Rechte von Frauen im Besonderen. Den Kampf um die Durchsetzung solcher Errungenschaften im Geschichtsunterricht durchzusprechen und ihn als noch unbeendet begreifen zu lassen, macht ein wesentliches Moment modernen historischen Lernens aus. Neben den Errungenschaften gibt es aber auch Hypotheken der Vergangenheit, die „wie ein Alb auf den Gehirnen der Lebenden" (Marx) lasten. Dazu gehören etwa Rassismus, Nationalismus oder Fundamentalismus, die zu immer neuen Konflikten führen (Jugoslawien, Palästina, Nordirland, Terrorismus überall ...). Ihre Herkunft und die Erfahrungen mit ihnen können und sollten im Geschichtsunterricht besprochen werden: Sie sind mit Zukunftsaufgaben verbunden.

Das ist die Dienstleistung, die der Geschichte immer wieder zugeschrieben wird – *Informationswissen* über die Ursachen bereitzustellen, die entscheidend zur gegenwärtigen Lage beigetragen haben. Aber sie ist nicht die einzige und nicht die wesentliche Dienstleistung, so wichtig sie ist.

Wesentlich ist der Erfahrungsgehalt und wesentlich ist der Utopiegehalt der Geschichte. Wir kommen damit zu einer zweiten Begründung. Längst nicht alles, was Menschen früher gedacht, gewollt, gehofft, erstrebt, versucht haben, ist in der Gegenwart angekommen: Die „Großen Erzählungen" (Neil Postman) von Demokratie und Menschenwürde, von Mündigkeit, von Freiheit, Gleichheit, Brüderlichkeit und Schwesterlichkeit, von Solidarität und Gleichheit der Geschlechter, von Verteilungsgerechtigkeit in und zwischen Gesellschaften sind noch immer fragmentarische Geschichte – in der Vergangenheit angedacht, in der Vergangenheit angelegt und angefangen, aber unvollendet. Alle diese Begriffe umschließen Welten von Vorstellungen, die Menschen in früheren Zeiten bewegt haben in Gedanken, Worten und Werken. Manches Mal haben sie einiges davon verwirklichen können – und vieles davon gehört zu einem unverlierbaren Bestand –, mit anderem sind sie gescheitert. Ihre Vorstellungen, Hoffnungen, Motive sind nicht dadurch obsolet, dass sie gescheitert sind. Wenn sie nicht bewusst gehalten werden, wenn sie nicht dem drohenden Vergessen anheim fallen sollen, sollte sich im Geschichtsunterricht an sie erinnert werden: Der Faden kann weitergesponnen werden, man muss nur nach ihm fragen und suchen können. Daraus ergeben sich Richtungen des Suchens, des Sich-Erinnerns, der Erfahrungssammlung und der Motivbildung, der erinnernden Erfahrungsbildung. Die „Großen Fragen" sind unerledigt – und die Geschichte kann ein *Orientierungswissen* bereitstellen, um sie vielseitiger zu sehen und anzugehen.

Historisches Lernen heißt nicht, in der Schule das fertige Wissen zu vermitteln, das für diese „Großen Erzählungen" notwendig ist. Das schlösse die Möglichkeit der *Indoktrination*[8] ein. Es heißt vielmehr, die „Großen Fragen" aufzuwerfen, sie als *„Historische Fragen"*[9] zu vermitteln und die Schülerinnen und Schüler zu befähigen, sie selber zu bedenken und heute und später ihre je eigene Antwort zu finden. Historisch gesättigte Nachdenklichkeit = Geschichtsbewusstsein.

1.6 Absichten des Neuen Geschichtsunterrichts

Es geht im modernen Geschichtsunterricht nicht um ein dauerhaftes Wissen, das die Schülerinnen und Schüler für ihr Leben lernen. *Narratives historisches Wissen*[10] hat eine kurze Halbwertzeit – in doppelter Hinsicht.

Die Schülerinnen und Schüler vergessen das Wissen, das ihnen als festumrissenes Lernpensum aufgegeben wird. Und sie vergessen es, weil es mit ihnen und ihrem Leben nichts zu tun hat oder sie zumindest nicht erkennen können, ob es mit ihrem Leben etwas zu tun haben könnte. Das ist der erste Punkt.

Der zweite Punkt ist wichtiger: Historiker sind keine Erinnerungsprofis, die ein dauerhaftes Wissen produzieren. Nur der unwichtigste Teil ihrer Arbeit besteht darin, Daten zu sammeln und festzustellen. Der wesentliche Teil ihrer Arbeit besteht darin, die Daten und Fakten miteinander in Beziehung zu setzen, zu verknüpfen und zu einer unserer Zeit gemäßen Deutung zusammenzufügen – eben zu *narrativem historischen Wissen,* dessen Bestandteile als Anregungen aus dem Schatzhaus menschlicher Erfahrungen begriffen werden können. Die Gegenwart als Schnittstelle zwischen Vergangenheit und Zukunft legt Historikerinnen und Historikern immer neue und fruchtbare Fragen an die (noch erkennbare) Vergangenheit nahe, die zu neuen Sichtweisen und Deutungen führen und die Geschichte als ein Schatzhaus menschlicher Erfahrungen nutzen.

Damit nicht genug: Historikerinnen und Historiker legen unterschiedliche Darstellungen über historische Sachverhalte vor, ja bemühen sich geradezu darum, Darstellungen vorzulegen, die von denen der Berufskollegen abweichen. Kontroverse Deutungen und Darstellungen sind in der Geschichtswissenschaft die Regel, nicht die Ausnahme. Gelegentlich zeigt sich diese *Kontroversität*[11] in Debatten, die auch außerhalb der Zunft über die Einschätzung eines historischen Zusammenhangs geführt werden (etwa „Fischer-Kontroverse" über den Ausbruch des Ersten Weltkrieges, „Goldhagen-Kontroverse" über den Holocaust, Streit über die Deutung der Wiedervereinigung).

Wenn dem zweifellos so ist, macht es wenig Sinn, die Schülerinnen und Schüler ein festes Pensum lernen zu lassen, das aus einem Füllhorn an Wissenswertem besteht. Grundsätzlich ist der moderne Geschichtsunterricht darauf gerichtet, dass Schülerinnen und Schüler lernen, selber und selbständig historisch zu denken. Was kann das heißen: Zu lernen, historisch zu denken? Es heißt, Schülerinnen und Schüler zu befähigen, sich in den Zusammenhängen ihres späteren Lebens historisch orientieren zu können. Was aber heißt: Sich historisch orientieren zu können? Es heißt, in Entscheidungssituationen ihres politischen Daseins aufkommende Fragen nach Ursachen, historischen Zusammenhängen und historischen Belastungen wie auch nach historischen Erfahrungen und Errungenschaften für ihre Entscheidungsfindung und für ihre Handlungsmotive beantworten zu können.

1.7 Inhalte des Neuen Geschichtsunterrichts

Wenn Sie Schulbücher aus Ihrer eigenen Schulzeit mit heutigen Schulbüchern vergleichen würden, stellten Sie fest, wie viel sich verändert hat, welche neuen Schwerpunkte gesetzt werden, wie unterschiedlich Epochen oder größere Zusammenhänge dargestellt werden. Wenn Sie in gegenwärtige Richtlinien schauen, stellen Sie ebenfalls fest, dass sich Schüler heute mit ganz anderen Inhalten befassen sollen als Schülerinnen und Schüler noch vor wenigen Jahrzehnten. Alle Bücher tragen mehr oder weniger der Tatsache Rechnung, dass es in der Geschichtswissenschaft einen geradezu „schluckaufartigen Pluralisierungsschub" (Ute Daniel) gegeben hat – neue Fragen, neue Zugriffe, neue Themen. Wohl in jedem gegenwärtigen Schulbuch gibt es Kapitel zur Alltagsgeschichte, zur Frauen- oder Geschlechtergeschichte, zur Umweltgeschichte, zur Kulturgeschichte. Wohl in jedem Schulbuch gibt es historische Längsschnitte, in denen „Große Fragen" unserer Zeit historisch vertieft werden – Kapitel über Arbeit, Umwelt, Krieg und Frieden, Migration in der Geschichte.

> ◆ Achten Sie auf die neuen Sichtweisen und Themen im Neuen Geschichtsunterricht. In ihnen zeigt sich die Bedeutung von Geschichte für die Gegenwart und Zukunft. Sie eröffnen Ihnen die Chance für einen Unterricht, der mit den Lebensproblemen der Schülerinnen und Schüler zu tun hat.

1.8 Lehrpläne und Richtlinien – Grenzen oder Chancen?

Nach wie vor ist der Staat der Träger und oberstes Aufsichtsorgan des Geschichtsunterrichts. Er nimmt diese Rolle nach wie vor über Richtlinien (und Schulbuchzulassungen) wahr und gibt die Ziele und Inhalte des Unterrichts weitgehend vor. Und doch gibt es – zumindest in einigen Bundesländern – Richtlinien, die sich klar abgrenzen von allen Versuchen, bei den Schülerinnen und Schülern ein bestimmtes und verbindliches *Geschichtsbewusstsein*[12] anzulegen. Richtlinien sind offener geworden, ermöglichen Freiräume, Eigeninitiative und Kreativität und bestimmen die Ziele des Unterrichts im wesentlichen unter dem Gesichtspunkt eines „reflektierten Geschichtsbewusstseins" oder vielleicht besser, wenn es denn eine Pluralform gibt: „reflektierter Geschichtsbewusstseine": Es gibt nicht ein einziges gültiges Geschichtsbewusstsein, sondern verschiedene, individuelle Formen eines reflektierten Geschichtsbewusstseins. Die Ziele des Unterrichts werden weniger aus der Sicht des Staates als aus der Sicht der Lebensperspektiven von Schülerinnen und Schülern festgelegt. Das ist ein Fortschritt, der nicht gering zu achten ist. Die Richtlinien ermöglichen den Lehrerinnen und Lehrern weitgehend, einen Geschichtsunterricht zu konzipieren, der den Ansprüchen der noch unerwachsenen Lernenden verpflichtet ist.

◆ Achten Sie nicht nur auf die „Erfolgsgeschichte", sondern zeigen Sie den Schülerinnen und Schülern auch die Wertvorstellungen, Handlungsmotive und Erfahrungen von Menschen, die sich nicht durchgesetzt haben. Machen Sie deutlich, dass Erinnerung und Vergessen zwei Seiten einer Medaille sind, und dass es möglich ist, vom Vergessen Bedrohtes vor dem Vergessen zu bewahren und Vergessenes dem Vergessen zu entreißen.

1.9 Methoden des Neuen Geschichtsunterrichts oder: So wenig Belehrung wie möglich

Lassen Sie also ab von der Vorstellung, es komme im Geschichtsunterricht darauf an, die Schülerinnen und Schüler einen Wust von Kenntnissen in der Form von Jahreszahlen, historischen Stätten und historischen Persönlichkeiten lernen zu lassen. Wenn das nicht verknüpft ist mit Fragen, die Schülerinnen und Schüler selber haben oder die ihnen so nahegelegt werden, dass sie sie als eigene Fragen von Wichtigkeit ansehen, wird der Geschichtsunterricht für alle Beteiligten zu einer unerquicklichen Veranstaltung.

Wenn Schülerinnen und Schüler im Unterricht lernen sollen, selber zu denken, müssen sie auch Gelegenheit dazu haben – und Lust darauf bekommen. Wer alles gesagt bekommt, wer immer nur „belehrt" wird, lernt nicht, selber zu denken. Wer immer nur Fakten und Daten auswendig lernen soll, lernt nicht, ein eigenes Wissen zu produzieren, das auf seine eigene Lebenssituation bezogen ist. In dieser Lernsituation sind Sie in einer völlig anderen Weise gefragt als die Lehrenden im traditionellen Geschichtsunterricht: Sie sind Betreuer, Sie helfen, Sie ermutigen, geben Tipps und beraten, Sie arrangieren Lernmaterialien und Lernsituationen (vgl. S. 55ff).

◆ Halten Sie sich an das Motto: So wenig Belehrung wie möglich und so viel eigene Ermittlung wie möglich.

1.10 Schülerinnen sind anders als Schüler

Vergessen Sie nicht: Schülerinnen sind anders als Schüler. Sie haben oft andere Fragen, andere Interessen, andere Zugänge als die Jungen. Sie sind oft reifer als die gleichaltrigen Schüler. Die Fragen, Interessen und Zugänge der Mädchen sind von gleicher Wertigkeit wie die der Jungens (vgl. S. 124 ff.).

◆ Verabredungen: Die berechtigten Ansprüche von Schülerinnen und Schülern

In der Erziehungswissenschaft wird heute viel von einer „veränderten Kindheit" gesprochen – und Sie wissen am besten, dass Schülerinnen und Schüler von heute nicht zu vergleichen sind mit Schülerinnen und Schülern in der Zeit, als Sie selber in die Schule gegangen sind. Aber das heißt nicht, dass es sich bei heutigen Schülerinnen und Schülern um „eine Horde lernunwilliger, ungezogener, an Fernsehunterhaltung gewöhnter Bestien" handelt, die „nichts anderes im Sinn haben, als Attacken auf die Würde des Lehrers zu organisieren" (Schwanitz). Sie sind Individuen, die auf Grund besonderer Umstände Lernprobleme haben können und einen Anspruch darauf haben, in ihrer jeweiligen Eigenart ernst genommen zu werden.

Das ist pädagogisch gesprochen. Sprechen wir jetzt fachdidaktisch. Zur veränderten Kindheit gehört auch, dass Kinder in unserer Zeit außerhalb der Schule und des Geschichtsunterrichts mehr lernen als in der Schule, dass sie etwa über bestimmte historische Sachverhalte eine unglaubliche Fülle an Wissen und Halbwissen, an Daten und Datensplittern, an Urteilen und Vorurteilen parat haben. Sie haben durch die Medien und eine allgegenwärtige „Geschichtskultur", Informationen und Deutungen in sich aufgesogen, die es erforderlich machen, den Geschichtsunterricht didaktisch und methodisch völlig neu zu gestalten. Es geht nicht mehr, Unterrichtseinheiten zu planen und „durchzuziehen", ohne zu berücksichtigen, dass die Jugendlichen bereits viel vom Thema wissen und gelegentlich – etwa beim Nationalsozialismus – so viel wissen, dass sie des Themas von vornherein überdrüssig sind, wenn es in einer traditionellen Weise vermittelt wird.

Weil dem so ist und sich der Befund in der Praxis immer wieder bestätigt, ist zu fragen, wie man als Lehrerin oder Lehrer mit der Situation umgehen kann. Sie eröffnet eine große Chance und begründet zudem die Notwendigkeit, das immer schon vorhandene, fragmentarische und mit Vorurteilen beladene Wissen im Unterricht gemeinsam zu sichten, zu ordnen und gegebenenfalls zu korrigieren. Grundsätzlich kann man dieser Situation so begegnen, dass zwischen Lehrenden und Lernenden Verabredungen getroffen werden: „Schülerinnen und Schüler sollen – beim Beginn einer Unterrichtseinheit ausführlicher, bei jeder Einzelstunde knapper – über Planung und Durchführung des Unterrichts diskutieren, ihre Einstellungen und Vorurteile zu einem Thema artikulieren, schon vorhandene Kenntnisse, Erfahrungen und Wünsche bezüglich des anstehenden Themas äußern, Verfahren vorschlagen, wie der Unterricht ablaufen sollte usw."[13]

1.11 Das Wichtigste: Fragen an die Geschichte stellen

Verabredungen gehen zurück oder beruhen auf Fragen, die man hat oder gemeinsam entwickelt und gemeinsam beantworten möchte. Eine Begebenheit aus der schulischen Wirklichkeit: Ein junger Referendar, voll Schwung und (noch?) beflügelt von pädagogischem Eros, fragt in seinem 8. Schuljahr, womit die Schülerinnen und Schüler sich in Geschichte gerne befassen möchten. Er ist selber erstaunt über die Antwort, die er nicht erwartet hat: Sie würden gerne das Thema „Nationalsozialismus" für sich aufarbeiten; so viel stünde täglich in den Zeitungen und so viel käme darüber im Fernsehen, dass sie „das alles" mal im Zusammenhang für sich klären möchten. Unser junger Referendar erklärt sich bereit, ja er ist glücklich darüber, dass die Jungen und Mädchen von sich aus ein wichtiges Thema bearbeiten möchten. Aber er hat seine Rechnung ohne seinen Mentor und ohne die Schulleitung gemacht, die ihm knapp und umissverständlich bedeuten: Nationalsozialismus ist erst im 10. Schuljahr „dran", jetzt müssten mal erst „die Griechen" gemacht werden. Er tut etwas sehr Verständliches: Widerwillig fügt er sich und vermeidet einen Konflikt. Nicht dass er überzeugt wäre, im Gegenteil, aber er lässt von seinem Vorhaben ab. Er weiß: Es gibt nichts Wichtigeres als Fragen, die von Schülerinnen und Schülern selber kommen. Alles, was mit diesen Fragen zu tun hat, ist nicht Pensum, sondern gemeinsam interessierende Aufgabe. Er weiß auch, dass er die Fragenden enttäuschen wird und dass das auch Folgen für ihn haben kann. Aber er beugt sich in seiner Situation den Vorgaben, die ihm gemacht werden.

Kein Grund kann so schwerwiegend, kein Rahmenplan mit seiner „Stoffverteilung" so sakrosankt sein, dass damit eine Frage von Schülerinnen und Schülern abgewiesen werden dürfte. „Die etwas fragen, verdienen Antwort" (Bert Brecht). Kann man mehr erhoffen, als dass Kinder und Jugendliche selber Fragen stellen und etwas wissen wollen?

Verabredungen treffen zwischen Lehrenden und Lernenden – was heißt das und wie geht das? Es heißt zunächst einmal nicht – um gleich einem Missverständnis vorzubeugen –, dass die Lehrerin oder der Lehrer auf einen Inhalt verzichtet, um damit den Wünschen von Schülerinnen und Schülern auf Nicht-Befassung zu entsprechen. Es gibt Themen des

Geschichtsunterrichts, auf die nicht verzichtet werden kann. Schülerinnen und Schüler mögen so oft und eindringlich wie möglich darauf hinweisen, dass sie des Themas „Nationalsozialismus" überdrüssig sind (weil sie es in der Grundschule oder im Deutschunterricht oder im Religionsunterricht oder in Sozialkunde oder auf allen Schulstufen und in allen diesen Fächern bereits „gehabt" haben) – die Lehrerin oder der Lehrer befindet darüber, ob das Thema besprochen wird oder nicht. Dass die Entscheidung gut begründet sein muss und dass diese guten Gründe mit den Schülerinnen und Schülern auch besprochen werden, versteht sich. Wenn die alten Griechen gesagt haben, das Staunen sei der Anfang der Philosophie, dann ist damit gemeint, das Staunen sei der Anfang von Nachdenken und Forschen, von Nachfragen und Nachforschen: das faszinierend Andere und Fremdartige der Geschichte als eines Arbeits- und Leidenszusammenhanges, die großen und die beunruhigenden Erfindungen und Entdeckungen...

In aller Regel setzen dann gemeinsame Überlegungen ein, wie das Thema durchgesprochen und behandelt werden kann, welche Fragen die Lernenden zu dem Thema haben, in welche Richtungen ihre Interessen weisen und was sie zusätzlich zu ihren bereits vorhandenen Kenntnissen und Voreinstellungen wissen oder lernen wollen.

◆ Guter Geschichtsunterricht hängt davon ab und fast allein davon ab, ob und wie *Fragen an die Geschichte* gestellt werden, die aufregend spannend und motivierend sind, neugierig machen auf die Fremdheit und Andersartigkeit vergangenen menschlichen Denkens, Handelns und Leidens.

Zu welchem Thema auch immer – die Schülerinnen und Schüler bringen bereits viel, aber auch unterschiedlich viel an Wissen und Vorstellungsbildern, an Einstellungen und Vorurteilen, an individuellen Gewissheiten und Deutungsmustern mit in den Geschichtsunterricht. Dies zu sammeln, den anderen der Gruppe mitzuteilen, dadurch bei den anderen Erinnerungen und Assoziationen freizusetzen, alles für alle verfügbar zu machen, ist der erste Schritt – bei dem im übrigen die Unterschiede der Kinder und Jugendlichen sowohl in ihren geistigen Vermögen und Empfindsamkeiten als auch in ihren unterschiedlichen Lebenserfahrungen für alle wichtig, manchmal sogar aufregend werden.

PRAXIS:

Am Anfang also steht die Frage, steht das Fragen. Bewährt hat sich ein Verfahren, das die Geschichtsdidaktikerin Annette Kuhn vorgeschlagen und als Hypothesenbildung bezeichnet hat. Auf der Grundlage von Vorwissen wird dabei der Versuch gemacht, eine Hypothese zum Thema zu formulieren, um sie dann in einer Unterrichtsphase der „historischen Aufklärung" zu überprüfen.

Das Verfahren der Hypothesenbildung kann man ankoppeln an das Verfahren eines „brainstorming". Die Schülerinnen und Schüler artikulieren alles, was ihnen zu einem Thema einfällt, in Stichworten. Die Stichworte werden kommentarlos an die Tafel, auf ein Plakat oder auf den Tageslichtprojektor geschrieben. An der Tafel entsteht ein scheinbar zusammenhangloses Sammelsurium von passenden und auch unpassenden Begriffen. An einem Beispiel: In einem 7. Schuljahr ist das Thema „Mittelalter" „dran". Die Lehrerin fragt, was den Schülerinnen und Schülern zum „Mittelalter" einfällt. Wohlgemerkt: Die Schülerinnen und Schüler haben das Thema in der Schule noch nie behandelt, und nun zeigt sich, was sie alles außerhalb der Schule schon zum Thema gehört, gelesen, gesehen, in sich aufgesogen haben. In kürzester Zeit stehen einige Begriffe an der Tafel, und das reicht von Rittern und Burgen und von Kaisern und Päpsten bis hin zu Drachentötern und Prinz Eisenherz und zu Robin Hood und Rothenburg ob der Tauber ...

Ein solches brainstorming kann man auch vorbereiten, indem man die Anregung gibt, bis zur nächsten Stunde einmal zu überlegen, nachzuschlagen, sich zu informieren, sich zu erkundigen, was man über das „Mittelalter" in Erfahrung bringen kann. Die Ergebnisse werden in einer Stunde gesammelt und geordnet. Anschließend können die Schülerinnen und Schüler sagen, was sie besonders interessiert und woran sie am liebsten arbeiten würden. Sie setzen sich dann in Gruppen oder als Partner mit ihrem Teilthema auseinander. Sie kommen dabei „von Hölzken auf Stöcksken" und lernen unendlich viel mehr als nur ihr scheinbares „Teil-Thema" kennen.

Ideal ist es, wenn die Schülerinnen und Schüler selber Fragen zum Thema haben oder entwickeln. Kinder in der Grundschule haben Fragen, sprudeln oft geradezu Fragen heraus, sind neugierig auf alles, was die Welt im Innersten zusammenhält. Sie lassen sich von Emotionen und Imaginationen leiten, haben verrückte Einfälle und Fragen und wollen lernen. Kinder und Jugendliche in der Sekundarstufe I haben ebenfalls Fragen, äußern sie aber zunehmend weniger und verfallen gar in Schweigen, wenn sie erleben, dass ihre Fragen als unpassend abgetan werden. Man kann die Schülerinnen und Schüler aber in der guten Atmosphäre von Verabredungen ermuntern und ermutigen, Fragen zu stellen. Es sind dann die ureigenen (oder auch vermittelten) Fragen der Lernenden, und die Schülerinnen und Schüler gewinnen dadurch ein ganz anderes Interesse am Thema, als wenn sie fremdgesetzten Fragen nachgehen müssen. Insofern ist das bruchstückhafte, vorurteilshaltige Vorwissen der Schülerinnen und Schüler eine große Chance, interessanten und motivierenden Geschichtsunterricht zu machen.

Denkbar ist selbstverständlich auch, dass die Lehrerin oder der Lehrer eine Frage aufwirft, die so motivierend ist, dass sie für eine ganze Unterrichtseinheit „trägt". Geschichte entsteht nun mal aus Fragen an die erkennbare Vergangenheit.

1.12 Von Fragen zu Antworten

Wie kommt man von Fragen zu Antworten? Nicht dadurch, dass die Lehrerin oder der Lehrer erzählt, „was Sache ist", oder im Schulbuch Abschnitt auf Abschnitt lesen lässt, sondern nur dadurch, dass die Lernenden ihre eigene Antwort selber finden. Haben Sie keine Angst davor, dass die Schülerinnen und Schüler nicht genügend Wissen lernen. Haben Sie auch keine Angst davor, dass Ihnen die Zeit „davonläuft", weil die Kinder und Jugendlichen viel Zeit für ihre Antworten brauchen. Vertrauen Sie darauf, dass sie im Folgenden unendlich viel lernen – Wissen, Verfahrensweisen, Umgang mit Büchern und Internet, gemeinsames Lernen und gemeinsames Arbeiten. Sie finden ihre eigene Antwort, indem sie alles sammeln und sichten, was ihnen zu ihrer Frage wesentlich ist. Sie finden die notwendigen Informationen entweder in Büchern, die die Lehrerin oder der Lehrer auf einem *Thementisch* (vgl. S. 62 ff.) zur Verfügung stellen oder in Materialpaketen zusammenstellen. Sie holen sich ihre Informationen, wo sie sie kriegen können – zu Hause, in der Schule, in Zeitungen, aus dem Fernsehen, aus Interviews mit Erwachsenen oder älteren Jugendlichen, aus Reiseprospekten und aus der Tourismus-Werbung, aus Sachbüchern und sonstigen Jugendbüchern, aus dem Internet und aus CD-ROMS... Sie arbeiten zu zweit oder in Gruppen, die untereinander Verabredungen treffen.

Was lernen die Schülerinnen und Schüler dabei? Sie lernen, sich ein historisches Thema, das sie interessiert, selbständig, unter Anleitung eines geduldigen und ermutigenden Lehrers, zu erarbeiten. Sie lernen
- auf verschiedenste Weise und an verschiedensten Orten Informationen zu einer bestimmten Frage zu suchen
- unterschiedliche Informationen miteinander zu vergleichen
- Informationen gegeneinander abzuwägen
- Eine plausible Antwort zu finden und – in verschiedenen Formen – darzustellen

Dies ist genau die Art und Weise, wie sie später, wenn sie Fragen an die Geschichte haben, um sich in einer Entscheidungssituation ihres

Lebens kundig zu machen, vorgehen müssen: Informationen, Meinungen, Deutungen sammeln und sichten, gegeneinander abwägen und zu einer eigenen Aussage kommen.

Als wesentlichen Merksatz formulieren wir:

◆ Im „Neuen Geschichtsunterricht" wird *historisches Wissen* nach Möglichkeit nicht durch die Lehrenden *vermittelt*, sondern durch die Lernenden *selber ermittelt*. Nur so können die Kinder und Jugendlichen lernen, selber historisch zu denken.

Anmerkungen

1 Bertolt Brecht, Werke in 20 Bänden, Frankfurt/M. 1967, S. 656 f.
2 Kurt Tucholsky, Gesammelte Werke 10 (1932), Reinbek 1975, S. 98
3 Günther Anders, Die Antiquiertheit des Menschen, Bd. 2, München 1987, S. 276
4 In jedem Geschichtsunterricht geht es auch um die „*Gesinnungen*". Es macht aber einen Unterschied, ob man Unterricht so anlegt, dass Schülerinnen und Schüler sich eine je eigene und begründete Gesinnung bilden können, oder man sie – wie im klassischen „*Gesinnungsunterricht*" – auf eine einheitliche Gesinnung festlegen will.
5 Unter *Erfolgsgeschichte* verstehen wir eine Geschichte, die nur das enthält, was sich letztlich durchgesetzt hat und Erinnerung nicht darauf richtet, was an Alternativen des Denkens und Handelns historisch vorhanden war.
6 Oskar Jäger, Bemerkungen über den geschichtlichen Unterricht, Mainz 1877; zit. n. W. Rein (Hrsg.), Enzyklopädisches Handbuch der Pädagogik, Bd. 2, Langensalza 1896, S. 750
7 *Belehrungsunterricht* meint eine Form von lehrerzentriertem Unterricht, in dem die Lehrenden die Träger und Vermittler eines geschlossenen Weltbildes (und hier: Geschichtsbildes) sind, das die zu Belehrenden schlicht und widerspruchslos zu lernen haben. Die Lernenden sind in diesem Unterricht Lehrobjekte und nicht Lernsubjekte.
8 Unter *Indoktrination* verstehen wir ein unzulässiges Verfahren und den nachhaltigen Versuch, mit scheinbar unwiderlegbaren historischen Begründungen Schülerinnen und Schüler auf eine einheitliche Gesinnung für den politischen Tageskampf festzulegen.
9 Eine *historische Frage* ist eine Frage, die aus der Gegenwart an die Überbleibsel der Vergangenheit und das bisher erarbeitete Wissenschaftswissen gerichtet wird, um eine unserer Zeit gemäße Geschichte zu ermitteln.
10 *Narratives historisches Wissen* ist im Gegensatz zum historischen Wissen

über zusammenhanglose Einzeldaten und Einzelfakten eine Sinnbildung, bei der Einzeldaten und Einzelfakten in einen zeitlich geordneten Bedeutungszusammenhang gerückt werden, der in sich stimmig ist und Sinn macht.

11 *Kontroversität* ist ein Grundtatbestand aller Geschichtswissenschaft, der darin begründet ist, dass Geschichte immer eine (nach strengen Regeln erfolgende) Deutung von Vergangenem durch Historikerinnen und Historiker ist, die unter dem Einfluss von Gegenwartserfahrungen und Zukunftserwartungen zu unterschiedlichen Deutungen vorstoßen.

12 *Geschichtsbewusstsein* – das wesentliche Ziel von Geschichtsunterricht – besteht aus mehreren Fähigkeiten, die Gegenwart als historisch geworden wahrzunehmen, wesentliche Gegenwartsfragen historisch zu vertiefen und nach Maßgabe des Möglichen zu verlässlichen Deutungen zu kommen.

13 Gerhard Schneider, Gelungene Einstiege. Voraussetzung für erfolgreiche Geschichtsstunden, 2. Auflage, Schwalbach/Ts. 1999, S. 11

2. Festhalten am Schulbuch

Wer Geschichte zum ersten Mal oder fachfremd unterrichtet, ist froh, dass es Bücher gibt, an denen er oder sie sich festhalten kann. Aber die heutigen Bücher unterscheiden sich in vielem von den Schulbüchern, die früher für Geschichtsunterricht zur Verfügung standen und von denen Oskar Jäger gesprochen hat.

Als Anfangende und als fachfremd Unterrichtende müssen Sie zunächst wissen: In den Schulbüchern steht nicht „die Geschichte". In Schulbüchern der neuen Generation finden Sie in aller Regel einen Verfassertext und – davon abgehoben – Materialien, die es ermöglichen, über das Handeln und Leiden, die Erfolge und das Scheitern und überhaupt: über die Erfahrungen von Menschen in früheren Zeiten nachzudenken. Die Bücher enthalten vielfältiges Material – schriftliche und bildliche Zeugnisse aus der Vergangenheit, Karten, Statistiken, graphische Darstellungen. Sie sind vielfältig nutzbar und variabel verwendbar. Grundsätzlich kann man in den Schulbüchern mit folgenden Bestandteilen rechnen.

1. Schulbücher enthalten einen Verfassertext, in dem ein heute lebender Autor einen Überblick über eine historische Entwicklung gibt, die er aus den Forschungsergebnissen und den Deutungstendenzen der gegenwärtigen Geschichtswissenschaft „destilliert" hat. Der Autorentext enthält nicht „die" Geschichte, sondern eine unter mehreren möglichen Darstellungen zu historischen Entwicklungen. Diese Darstellung hebt bestimmte Aspekte hervor, die in anderen Darstellungen nicht betont werden (deshalb kann es auch ergiebig sein, zwei oder mehrere verschiedene Schulbücher mit den Schülerinnen und Schülern zu vergleichen und die Unterschiedlichkeiten in der Darstellung sichtbar zu machen: Die Schülerinnen und Schüler lernen, dass man – bei gleicher Faktenlage – historische Entwicklungen unterschiedlich deuten kann, ohne dass man sagen kann, die eine Darstellung sei „richtig", die andere notwendig „falsch".)

2. Schulbücher enthalten Zeugnisse, die aus der historischen Zeit stammen, die behandelt wird. Diese Zeugnisse oder auch „*Quellen*" geben die – in der Regel unterschiedlichen und voneinander abweichenden – Wahrnehmungen und Anschauungen von Menschen

wieder, die in dieser historischen Zeit gelebt haben. Vor allem handelt es sich dabei um schriftliche und um bildliche Zeugnisse, um historische Karten oder um Abbildungen von Gegenständen.

3. Schulbücher enthalten Materialien, die in einer viel späteren oder aber auch in unserer Zeit hergestellt worden sind, um bestimmte Aspekte einer früheren Zeit darzustellen. Sie sind *Darstellungen* aus späterer und in der Regel aus unserer Zeit. Dazu gehören etwa Geschichtskarten, Statistiken in verschiedenen Darstellungsformen (etwa Kreis- oder Blockdiagramm), aber auch Auszüge aus heutigen, voneinander abweichenden Darstellungen von Historikern.

2.1 Wie Sie *nicht* mit Schulbüchern arbeiten sollten

Wie gesagt: In Schulbüchern steht nicht „die" Geschichte. Schulbücher enthalten Angebote zum eigenen Nachdenken. Als gerade beginnender oder als fachfremd unterrichtender Lehrer sind Sie aber in der Versuchung, die Angebote des Schulbuchs als irritierende Vielfalt zu sehen, die den Blick auf das Ihrer Meinung nach zu lernende Wissen verstellt. Das zu lernende Wissen orten Sie in dem Verfassertext, von dem Sie annehmen, er enthalte den letzten Stand der geschichtswissenschaftlichen Forschung, sei verlässlich und gebe „das Wesentliche" wieder. Damit sind Sie zugleich in der Versuchung, die Schülerinnen und Schüler den Verfassertext lesen zu lassen, um damit „das Wesentliche" und eigentlich Wichtige in sich aufzunehmen und als klausurtaugliches Wissen zu lernen. Die beigefügten schriftlichen Quellen, die Bilder, Statistiken, Schaubilder oder Geschichtskarten nehmen Sie vielleicht als Beiwerk wahr, das man vernachlässigen kann oder aber als bestätigende Ergänzung zum Verfassertext ansehen kann.

Dem liegt ein Missverständnis zugrunde, das aus dem Geschichtsunterricht stammt, den Sie selber erlitten haben. Es beruht auf der irrigen und – fachdidaktisch wie lernpsychologisch gesehen – fatalen Annahme, die Schülerinnen und Schüler müssten erst über einen Fundus an Wissen über Fakten, Daten, Namen usw. verfügen, bevor sie selber nachdenken dürften. Ein Unterricht, der so vorgeht, verschüttet und zerstört geradezu jede historische Neugier und Entdeckerfreude: Er lässt keine Rätsel zu, schließt für die meisten Schülerinnen und Schüler eigene Fragen aus, weil ja im Verfassertext steht, „was der Fall war" und nur zur Kenntnis genommen werden kann. Es ist eine Geschichte, die in sich glatt „aufgeht": So ist es gewesen, „basta", und wir haben es zur Kenntnis zu nehmen, um dann vielleicht darüber zu befinden, ob wir uns nicht anders verhalten hätten als die Hinterwäldler der Vergangenheit.

Als fachfremd unterrichtender Lehrer tun Sie sich und Ihren Schülerinnen und Schülern keinen Gefallen mit einem solchen Unterricht, weil Sie damit zwangsläufig Langeweile und Abwehr und einen Überdruss an einem Fach erzeugen, das geradezu aufregend spannend sein kann.

2.2 Wie Sie mit dem Schulbuch arbeiten können

Grundsätzlich empfehlen wir Ihnen: Nehmen Sie das, was Ihnen zunächst als ein schmückendes Beiwerk und als eine freundliche Zugabe zum Verfassertext erscheinen mag, die man vernachlässigen oder später heranziehen kann, zum Ausgangspunkt Ihres Unterrichts. Nehmen Sie den Verfassertext „nur" als eine Hintergrundinformation, die es erlaubt, bei den Schülerinnen und Schülern aufkommende Fragen zu beantworten. Grundsätzlich gilt: Jede schriftliche Quelle, jedes Bild, jede Schautafel oder jede Karte, die Sie unvermittelt lesen oder betrachten lassen, ohne zuvor den Verfassertext als Lernpensum „aufgegeben" zu haben, wirft gerade deshalb Fragen auf, weil sie zunächst aus einem Zusammenhang gerissen sind, Detail eines größeren Ganzen sind. Und Fragen an die Geschichte – wir wiederholen uns – sind die wichtigste Voraussetzung für einen guten Geschichtsunterricht.

Gerade die Rätselhaftigkeit und Frag-Würdigkeit einer Quelle oder eines Bildes kann die Schülerinnen und Schüler anregen, selber zu erkunden, in welchen größeren Zusammenhang die Quelle oder das Bild gehören und welche zusätzlichen Informationen sie benötigen, um die aufkommenden Fragen zu beantworten. Jedes Fragment reizt grundsätzlich zu dem Versuch, einen größeren Zusammenhang zu bilden.

PRAXIS:

Arbeit mit schriftlichen und bildlichen Quellen in Schulbüchern

Wir empfehlen Ihnen, Ihren Unterricht in der Regel von den historischen Zeugnissen ausgehen zu lassen. Beginnen Sie eine Unterrichtseinheit oder eine Unterrichtsstunde mit einer schriftlichen Quelle oder einem historischen Bild. Reißen Sie die schriftliche oder die bildliche Quelle sehr absichtsvoll aus dem Zusammenhang heraus. Lassen Sie nicht den Verfassertext lesen, sondern konzentrieren Sie sich und die Schülerinnen und Schüler auf ein schriftliches Zeugnis oder auf ein Bild, an dem die Schülerinnen und Schüler lernen, genau zu lesen, genau zu betrachten und Fragen zu stellen. Die absichtlich aus dem Zusammenhang gerissenen Quellen sind rätselhaft und geben Fragen auf – und das ist der wesentliche Punkt.

Treffen Sie mit den Schülerinnen und Schülern Verabredungen, wie sie mit den Zeugnissen umgehen können – etwa dass sie spontan aussprechen sollen, was ihnen auffällt, weil es merkwürdig oder andersartig ist. Oder machen Sie den Schülerinnen und Schülern vor, wie Sie selber mit einem Zeugnis umgehen: Demonstrieren Sie Ihre eigene Annäherung an ein Zeugnis.

Beispiel: Annäherung an ein schriftliches Zeugnis:
Demonstration durch Lehrerin oder Lehrer

Eine aus dem Zusammenhang gerissene Quelle:

„Der Volksgenosse P. muss als nicht nationalsozialistisch zuverlässig angesehen werden. Er hält keine Zeitung. Wie mehrere Parteigenossen bestätigen, kauft er weder Plaketten noch grüßt er mit dem ‚Deutschen Gruß‘. An ‚W.H.W.‘-Sammeltagen (auch Eintopf) ist das Haus verschlossen. Den Gruß ‚Heil Hitler‘ beantwortet er mit ‚Guten Tag‘ unter Abnehmen seines Hutes. ... Selbst an hohen nationalsozialistischen Feiertagen zeigt er kleine Flagge. Von der Empörung der Nachbarn und deren Verlangen auf Einschreitung habe ich mich überzeugt. ... Ich bitte Maßnahmen zu ergreifen, dass P. empfindlich merkt, dass er sich nicht dauernd gegen die Volksgemeinschaft stellen kann.“[1]
[WHW = Winterhilfswerk]

Sie lesen die Quelle vor; die Schülerinnen und Schüler haben die Quelle schriftlich vorliegen. Als Lehrerin oder Lehrer führen Sie aus:

> „Die Aussage stammt aus der Zeit des Nationalsozialismus. Ich entnehme das den Begriffen ‚nationalsozialistisch‘ und ‚Heil Hitler‘. In der Quelle erhebt jemand Vorwürfe gegen eine Person, die bestimmte Handlungen nicht vollzieht. Dazu kann man eine ganze Liste anfertigen: Die Person hält keine Zeitung, kauft keine „Plaketten“, grüßt nicht mit einem bestimmten Gruß, verschließt ihr Haus bei bestimmten Sammeltagen, zeigt keine Flagge.
> Der Schreiber betont, dass das Anzeichen von Unzuverlässigkeit sind, dass die Nachbarn empört sind über das Verhalten und ein Einschreiten fordern. Ich glaube, dass hier jemand einen anderen ‚anschwärzt‘. In der Quelle steht nicht drin, an wen das Schreiben gerichtet ist, ich vermute aber, dass es an eine Behörde oder eine Parteistelle gegangen ist, die die Macht hat, gegen die Person ‚einzuschreiten‘ und sie zu bestrafen. Ich entnehme der Quelle, was der Autor als ein richtiges nationalsozialistisches Verhalten ansieht:

Zuverlässig nationalsozialistisch ist jemand, der all das tut, was die Person nicht tut. Die ‚Volksgemeinschaft‘ soll nach Ansicht des Schreibers nur aus Leuten bestehen, die alle die gleichen Verhaltensweisen haben und davon nicht abweichen. Was ich nicht weiß, ist Folgendes: Was ist der ‚deutsche Gruß‘? Was sind ‚W.H.W.-Sammeltage (auch Eintopf)‘? Welche ‚Plaketten‘ sind gemeint? Neben diesen Fragen nach unbekannten Begriffen oder Handlungen ergeben sich weitere Fragen: Warum hat der Schreiber den Brief verfasst? Was war er für ein Mensch? Was hat er gedacht? Haben viele Deutsche solche Briefe geschrieben? Warum waren die Nachbarn empört? Waren alle oder viele empört? Warum waren sie empört? Sind ‚Maßnahmen‘ ergriffen worden? Wenn – welche? Ich werde versuchen, Antworten auf die Fragen zu finden, indem ich mich im Buch informiere. Dazu lese ich den Verfassertext und andere Materialien und ich erfahre dann Folgendes: …“

Die Rätselhaftigkeit der Denunziation führt Sie so zu einer Fülle von Fragen, die Sie zugleich zu einer Menge an Informationen bringt. Die Schülerinnen und Schüler erleben durch Ihre Demonstration, wie man einer relativ knappen Quelle Informationen entnehmen und sie weiterführend befragen kann. Sie erfahren an einer einzigen Quelle und durch die Suche nach Antworten auf Fragen viel, sehr viel über den Alltag im nationalsozialistischen Deutschland – über „Parteigenossen“ und Mitläufer, über erwartetes Verhalten und über die Kosten eines Nicht-Mitmachens, über Rituale und zeittypische Begriffe.

Nachmachen durch die Schülerinnen und Schüler
Geben Sie den Schülerinnen und Schülern zum Beispiel die folgende Quelle, an der sie nachmachen können, was Sie ihnen vorgemacht haben:

„Der Schutzhäftling Grete Dankwart, geb. Pieper, geb. am 16.12.88 zu Löbau, Berlin, Strassmannstr. 4 b wohnhaft,
wurde festgenommen, weil er am 25.11.1934 die Gräber der Rosa Luxemburg und des Karl Liebknecht auf dem Zentralfriedhof Berlin-Friedrichsfelde mit Blumen geschmückt hat. Er hat dadurch auch äußerlich seine Sympathie zum Kommunismus (…) zum Ausdruck gebracht und sich bewusst in Gegensatz zu der heutigen Staatsform und zur nationalsozialistischen Weltanschauung gestellt. Sein Verhalten und seine Handlungsweise sind geeignet, die Öffentlichkeit zu beunruhigen.
Das Geheime Staatspolizeiamt hat (…) Schutzhaft bis auf weiteres angeordnet.“[2]

Die Schülerinnen und Schüler können herausfinden:

Die Quelle stammt aus der Zeit des Nationalsozialismus; es handelt sich um eine Mitteilung; die Beschuldigte taucht immer in männlichen Sprachformen auf; die Beschuldigte, 46 Jahre alt, hat Gräber geschmückt … usw.

Aus der Quelle ergeben sich Fragen, die von den Schülerinnen und Schülern gestellt werden können: Wer waren Rosa Luxemburg und Karl Liebknecht? Warum wird ein Mensch beschuldigt, Gräber geschmückt zu haben? Was heißt „Schutzhaft"?...

PRAXIS:

Annäherung an ein Bild (s. Abb. 2):
Demonstration durch Lehrerin oder Lehrer

Führen Sie den Schülerinnen und Schülern im ersten Schritt eine langsame und sehr detailreiche Beschreibung eines Bildes vor, so dass die Schülerinnen und Schüler erfahren können, was bei einer genauen Betrachtung eines Bildes entdeckt werden kann, wenn man sich langsam und intensiv auf ein Bild einlässt. In einem zweiten Schritt zeigen Sie den Schülerinnen und Schülern, was Sie warum für den wesentlichen Gehalt und die wesentliche Aussage des Bildes halten – also Ihre begründete subjektive Deutung des Bildes. In einem dritten Schritt demonstrieren Sie den Schülerinnen und Schülern, welche Fragen sich für Sie aus dem Bild ergeben, die durch das Bild nicht beantwortet werden. Es sind dies vor allem die Fragen, was zeitlich vor dem Bild lag und was dem Bild zeitlich folgte. Gehen Sie in einem vierten Schritt diesen Fragen vor den Schülerinnen und Schülern nach, indem Sie ihnen zeigen, wie Sie diese Fragen oder aber wahrgenommene, rätselhaf-

Abb. 2: Beispiel: Kolumbus landet auf Guanahani (Stich von 1596)
Zeichnung von Theodor de Bry in „Grands voyages", Frankfurt 1594

te Merkwürdigkeiten und Andersartigkeiten mit Hilfe des Verfassertextes oder der anderen Materialien zu lösen versuchen. Besprechen Sie mit den Schülerinnen und Schülern die Abfolge der Schritte.

DEMONSTRATION:
Was ich auf dem Bild alles sehe: Eine Küstenlandschaft mit Menschen und drei großen Segelschiffen...
Was ich in dem Bild sehe und was das Bild mir sagt: ...

Nachmachen durch Schülerinnen und Schüler
Lassen Sie Ihre Schrittfolge durch die Schülerinnen und Schüler an einem anderen Bild nachvollziehen. Zu Beginn dieser Einübungsphase können Sie die Schülerinnen und Schüler dazu anhalten, dass sie reihum im ersten Schritt die Aussage machen „Ich sehe *auf* dem Bild...“ (Beschreibung). Im zweiten Schritt können die Schülerinnen und Schüler – wieder reihum – die Aussage machen „Ich sehe *in* dem Bild ...“ oder „Mir sagt das Bild...“ (Deutung). Im dritten Schritt – wieder reihum, solange keine Wiederholungen auftreten – können sie Fragen zum Bild aussprechen, die sich durch das Bild nicht beantworten lassen. Und schließlich können sie dann im vierten Schritt ihre eigenen Antworten auf die von ihnen selber gestellten Fragen erarbeiten.

Selbsttätigkeit durch Schülerinnen und Schüler
Nach einer längeren Einübungsphase wenden die Schülerinnen und Schüler die Schrittfolge selbstständig an, ohne dass es dazu irgendwelcher Aufforderungen bedarf: Sie wissen dann, wie man mit einem Bild umgehen kann. Sie wissen dann auch, dass diese Schrittfolgen sehr ertragreich sind.

Zum Beispiel: Arbeit mit Bildern in Schulbüchern
Ich will das an einem Beispiel verdeutlichen: Vermutlich jedes Schulbuch enthält in seinem Kapitel über den französischen Absolutismus neben einem ausführlichen Verfassertext und vielen Quellen und Bildern das berühmte lebensgroße Herrscherbild Ludwigs XIV. von Hyacinthe Rigaud (siehe Abb. 3). Lassen Sie den Verfassertext und alle Quellen zunächst beiseite, greifen Sie nur das Herrscherbild heraus. Lassen Sie es betrachten, lassen Sie es beschreiben. Wenn die Schülerinnen und Schüler noch keine Übung im Beschreiben eines Bildes haben, fordern Sie die ganze Gruppe auf: Jeder Schüler, jede Schülerin sagt, was er oder sie auf dem Bild sieht und beginnt mit dem Satz „Ich sehe auf dem Bild...“ So kommt eine Fülle an Beobachtungen und Einzelheiten

Abb. 3: Ludwig XIV.
Hyacinthe Rigaud, lebensgroßes Bild von Ludwig XIV, 1701

zusammen, die noch auf der Oberfläche bleiben. Wenn die Schülerinnen und Schüler nicht von sich aus den notwendigen Schritt zur Interpretation weitergehen, fängt jeder oder jede mit einem weiteren Satz an „Ich sehe in dem Bild..." oder „Mir sagt dieses Bild...". Am wichtigsten ist dann ein weiterer Satz, der vorgegeben werden kann „Ich habe zu dem Bild folgende Frage(n)...". Und nach allen Erfahrungen aus der Praxis kommen dann Fragen: Wer war das? Warum steht er so verkrampft? Was hat er getan und bewirkt? Warum wird er so dargestellt? Damit ist die Fragephase eröffnet, die unmittelbar in die Erarbeitungsphase und Beantwortungsphase übergeht durch Ihren Hinweis: „Ihr findet im Buch die Antworten auf Eure Fragen". In Einzel-, Gruppen- oder Partnerarbeit können dann Antworten auf die Fragen gefunden werden, wobei Sie auf Nachfrage bereit stehen, Hilfen und Tipps zu geben.

Bleiben wir bei dem Beispiel: In vielen Schulbüchern findet sich ein Gemälde, das französische Bauern in der Zeit des Absolutismus zeigt – ärmlich gekleidete Personen, zum Teil ohne Schuhwerk, um einen Tisch sitzend, von Kindern und einer Frau umgeben. Das Bild kann nach dem gleichen Verfahren wie das Herrscherbild Ludwigs unter- sucht werden, um Fragen zu gewinnen. Es kann auch mit dem Herrscherbild konfrontiert werden – hier sichtbare Armut, dort offen- kundiger herrschaftlicher Luxus. Wie hängt das eine mit dem anderen zusammen? Schülerinnen und Schüler suchen sich selber die Antwort auf die Frage.

Der Vorteil des Verfahrens liegt darin, dass die Schülerinnen und Schüler neugierig werden und eigene Fragen entwickeln (oder dass Sie ihnen helfen, Fragen zu entwickeln). Was dann passiert, ist von un- schätzbarem Vorteil: Sie erarbeiten sich die Fakten selber, die sie benötigen, um ihre Frage zu beantworten. Ihr Wissen entsteht in dem Versuch, die Fragen zu beantworten. Es hat eine einsehbare Funktion. Sie lernen nicht vorab ein Datenmaterial, von dem sie nicht wissen, wozu sie es lernen müssen, sondern erschließen sich selber die Informationen, die sie brauchen, sehen dann, dass es wichtig ist, zeitliche Fixierungen vorzunehmen und in eine Chronologie einzuordnen, soziale Schich- tungen und Herrschaftsverhältnisse wahrzunehmen usw. Sie erhalten kein Wissen vermittelt, sondern sie ermitteln selber benötigtes Wissen (und behalten dies dann in der Regel auch besser).

Ein weiteres Beispiel, bei dem ein einziger Satz aus einem Verfassertext den Ausgangspunkt bildet, ein Satz, der eine Feststellung beinhaltet. Am Ende eines Kapitels über Ludwig XIV. steht der Satz: „Als Ludwig 1715 gestorben war und der goldene Prunkwagen mit seiner Leiche durch Paris fuhr, sang, tanzte und lachte das Volk auf den Straßen." Als methodisch versierter Lehrer fällt Ihnen bei Ihrer Unterrichtsvorberei- tung dieser Satz auf, und Sie fragen sich, warum Sie die Stunde/Unter- richtseinheit nicht mit dem Satz beginnen lassen sollen: Er birgt Rätsel, irritiert durch das scheinbar unangemessene Verhalten der Bevölke- rung; da stirbt jemand, und die Bevölkerung singt, tanzt und lacht. Fragen drängen sich auf, Vermutungen lassen sich anstellen: Wie erklärt sich das pietätlose Verhalten? Hatte die Bevölkerung Grund zur Freude über den Tod? Oder waren es gar Gründe? Was lässt sich im Buch an

Informationen finden, um die Freude zu verstehen? Und Sie bzw. die Schülerinnen und Schüler kommen rasch auf die Herrschaftsverhältnisse, auf die Wirtschaftspolitik oder die Kriegspolitik.

Das Verfahren macht aber noch einen weiteren Sinn: Es zwingt zu dem, was als wichtigstes Ziel des Geschichtsunterrichts angesehen werden muss – es zwingt zum historischen Denken. Gerade weil die Text- oder die Bildquellen aus dem Zusammenhang gerissen sind, lösen sie bei Schülerinnen und Schülern die Frage aus, was vorher war und wie es weitergegangen ist, was die Ursachen und was die Folgen waren

Multiperspektivität und Kontroversität

◆ Achten Sie auf *Multiperspektivität!*
Wenn Sie moderne Schulbücher aufmerksam durchsehen, werden Sie feststellen, dass sie schriftliche und bildliche Zeugnisse aus früheren Zeiten enthalten, die historische Ereignisse oder Entwicklungen unterschiedlich wiedergeben. Jede einzelne Quelle, die von historisch beteiligten oder betroffenen Personen stammt, enthält nicht „die" historische Wahrheit, sondern beruht auf einer Sichtweise, auf einer individuellen Wahrnehmung. Also kann man nicht, was man schwarz auf weiß besitzt, getrost nach Hause tragen und als historische Wahrheit verinnerlichen. Menschen haben nun mal als Frauen oder Männer, Arbeiter oder Angestellte, Arbeiter und Angestellte oder Unternehmer unterschiedliche Wertvorstellungen und Einstellungen gegenüber der Wirklichkeit, die in ihre Wahrnehmung und in ihre Handlungsmotive eingehen. Dies wird in modernen Schulbüchern und Quellensammlungen berücksichtigt: Sie enthalten Quellen aus unterschiedlichen Sichtweisen von beteiligten oder betroffenen Personen. Sie sind damit nach dem Grundsatz der *Multiperspektivität* angelegt. Die Schülerinnen und Schüler finden also sich inhaltlich unterscheidende Quellen vor, die sie in ihren Aussagen gegeneinander abwägen müssen.

PRAXIS:

Zwei Quellen aus dem deutschen Bauernkrieg: Die Sichtweise Luthers und die Sichtweise der Bauern

Sichtweise Luthers:

Bisher (...) durfte ich die Bauern nicht verurteilen, weil sie sich zu Recht und besserer Unterweisung erboten. (...) Aber ehe ich mich umsehe, fahren sie fort und greifen mit der Faust drein (...), rauben und toben wie die rasenden Hunde. (...) Dabei sieht man, was sie in ihrem falschen Sinn gehabt haben und dass es (...) erlogene Dinge gewesen, was sie unter dem Namen des Evangeliums in den 12 Artikeln vorgetäuscht haben (...) Da Bauern und elende Leute sich verführen lassen, und anders handeln als sie reden, muss ich auch anders über sie schreiben. Gräulich Sünden wider Gott und die Menschen laden diese Bauern auf sich. Sie haben der Obrigkeit Treu und Huld geschworen, jetzt brechen sie diesen Gehorsam mutwillig. Darum liebe Herren steche, schlage, würge hier wer da kann. Darum soll hier würgen und stechen, (...) wer da kann und gedenken, dass nichts (...) Schädlicheres und Teuflischeres sein kann, denn ein aufrührerischer Mensch.[3]

Sichtweise der Bauern:

Es sind viele, die jetzt wegen der versammelten Bauernschaft sagen: Sind das die Früchte des Evangeliums, dass die Bauern niemandem Gehorsam sein, an allen Orten sich erheben und aufbäumen, mit großer Gewalt zu Hauff laufen und sich rotten, geistliche und weltliche Obrigkeit auszurotten, ja vielleicht zu erschlagen? All diesen die so reden antworten wir. (...) Man hat bisher gesagt, wir seien Eigenleute, was zum Erbarmen ist, da uns Christus alle mit seinem kostbaren Blut erlöst hat. Darum gibt sich aus der Schrift, dass wir frei sind, und deshalb wollen wir's sein. Nicht, dass wir völlig frei sein und keine Obrigkeit haben wollten: das lehrt uns Gott nicht. Wir wollen den Geboten gemäß leben. Wir bezweifeln auch nicht, ihr werdet als wahre und rechte Christen uns aus der Leibeigenschaft gern entlassen oder uns aus dem Evangelium belehren, dass wir leibeigen seien.[4]

Daraus ergibt sich eine wichtige Konsequenz: „Wenn multiperspektivische Geschichtsbetrachtung ein methodischer Grundsatz ist, der fordert, ein Ereignis, einen Zustand, einen Zusammenhang, ein Problem aus den unterschiedlichen sozialen Perspektiven der Handelnden, Betroffenen und Zuschauenden darzustellen, gibt es demnach keine verbindliche ‚richtige' Darstellung eines Ereignisses". Und so geht es „darum zu zeigen, dass es nicht *eine* richtige Sichtweise auf historische Ereignisse gibt, sondern dass sich die Wahrheit historischer Ereignisse nur in der Widersprüchlichkeit dieser Sichtweisen herstellen lässt".[5] Es sind die Schülerinnen und Schüler, die – aus ihrer Perspektive – die historische Wahrheit herstellen, nach bestem Wissen und Gewissen ihre historische Wahrheit feststellen.

Wie können die Schülerinnen und Schüler damit umgehen, dass sie inhaltlich unterschiedliche Quellen vor sich haben und daraus ihre historische Wahrheit feststellen? Sie stellen zunächst einmal die Unterschiedlichkeit fest, um dann danach zu fragen.

Guter Geschichtsunterricht sollte grundsätzlich multiperspektivisch angelegt sein. Doch ergibt sich dabei die Schwierigkeit, dass wir von historisch stummen Gruppen keine Zeugnisse haben – von Sklaven,

Frauen, Leibeigenen. Wir haben über lange Zeiträume Aussagen *über* Sklaven, Frauen, Leibeigene, aber wir verfügen nicht über Zeugnisse *von* Sklaven, Frauen, Leibeigenen. Dann kann man etwas machen, was durchaus auch heikel sein kann: Die Schülerinnen und Schüler stellen selber Quellen her. Sie beschreiben, betrachten, bedenken eine Entwicklung, ein Ereignis, einen historischen Zusammenhang aus der Perspektive eines Sklaven oder einer Sklavin, einer oder eines Leibeigenen, eines Kindes usw. Sie schreiben in der Ich-Form ein Tagebuch, einen Brief, ein Flugblatt. Das ist heikel, weil es z.T. unhistorisch ist: Sklaven, Frauen, Leibeigene konnten in der Regel nicht schreiben und schrieben, selbst wenn sie schreiben konnten, eben keine Briefe oder Tagebücher. Aber die Vorteile überwiegen: Die Schülerinnen und Schüler müssen die Perspektive von Menschen einnehmen, die anders dachten und handelten als sie selber zu denken und handeln gewohnt sind. Das ist für sie eine große Herausforderung, weil sie sich auf den Unterschied zwischen Gegenwart und Vergangenheit einlassen müssen, um möglichst „authentische Quellen" herzustellen.

Übertragen Sie dieses Verfahren auch auf Quellen aus der Zeitgeschichte. Wir haben auch in der Zeitgeschichte mit „stummen" Menschen zu rechnen: Wir haben die Quelle über den politisch unzuverlässigen „Volksgenossen P." oder die Quelle über die „in Schutzhaft genommene" Grete Dankwart, geb. Pieper. Wir wissen nichts über sie, was sie selber geschrieben hätten. Lassen Sie die Schülerinnen und Schüler in die Lebenszusammenhänge des P. und der Grete Dankwart eintauchen und etwa Tagebücher der Personen in der Ich-Form schreiben, in denen sie ihre Gedanken und Empfindungen aussprechen. Die Schülerinnen und Schüler lernen dabei, die Vorstellungen anderer und ihnen fremder Menschen nachzuvollziehen und sie aus ihren Lebenszusammenhängen heraus zu verstehen.

◆ Achten Sie auf *Kontroversität!*
Es ist ein Vorurteil und ein Fehlurteil, wenn es heißt: Die Geschichtswissenschaft zeigt, „wie es eigentlich gewesen". Das kann sie eben nicht und darin liegt auch nicht ihr Wert beschlossen. Etwas anfechtbar könnte man sagen: Die niederste Tätigkeit von Historikern besteht darin, so viele Tatsachen als möglich zu erheben und zu sichern. Ihre höchste Tätigkeit besteht darin, die erhobenen Tatsachen deutend zu einer in sich stimmigen und sinnvollen Geschichte zu verknüpfen, die in ihrer Zeit Sinn macht. Bei der niedersten Tätigkeit sind sich Historiker in aller Regel einig: Kein Historiker wird bestreiten, dass es einen deutschen Kaiser mit Namen Wilhelm II. gegeben hat, der im Novem-

ber 1918 abgedankt und Deutschland verlassen hat. Aber kein Historiker wird eine Geschichte des Kaiserreichs schreiben, die der gleichzeitig oder vorher oder nachher von anderen Historikern verfassten Geschichte gleicht wie ein Ei dem anderen – und erst recht gilt dies für eine Historikerin.

Das liegt daran: Historiker sind auch nur Menschen, die eine Gratwanderung zwischen ihrer lebensgeschichtlichen Subjektivität und ihrer Verpflichtung auf gültige wissenschaftliche Normen vollziehen. Mit anderen Worten: Historiker streiten sich in aller Regel über die Deutung historischer Vorkommnisse und Prozesse. Kontroversen gehören zu ihrem Alltag. Das ist eine auch didaktisch wichtige Erkenntnis: Sie macht die Ansicht unzulässig, die Geschichte zeige, wie es eigentlich gewesen oder im Geschichtsbuch stehe „die Geschichte".

Eine Folgerung aus dieser Erkenntnis ist: Zeigen Sie ihren Schülerinnen und Schülern, dass Historiker zwar nach Wissen und Gewissen urteilen, dennoch aber zu notwendig unterschiedlichen Urteilen kommen. Und zeigen Sie ihnen auch, dass auch sie die Pflicht haben, nach bestem Wissen und Gewissen zu urteilen, dass sie aber auch ein Recht haben, zu unterschiedlichen Einschätzungen zu kommen.

Anmerkungen

1 Zit. n. Inge Marßolek/René Ott, Bremen im 3. Reich. Anpassung – Widerstand – Verfolgung, Bremen 1986, S. 170 f.
2 Zit. n. Hanna Elling, Frauen im deutschen Widerstand 1933-1945, Frankfurt/M. 1978, S. 26
3 Martin Luther, Ausgewählte Werke, Bd. 4, München 1923, S. 295 f.
4 Die Memminger 12 Artikel von 1525, zit. n. W. Rüdiger, Die Welt der Renaissance, München 1970, S. 95 f.
5 Hans-Jürgen Pandel, Quelleninterpretation. Die schriftliche Quelle im Geschichtsunterricht, Schwalbach/Ts. 2000, S. 103

3. Langsames Loslassen Teil I:
   Arbeiten (fast) ohne Schulbuch

Schülerinnen und Schülern haben ja recht, wenn sie fragen „…und was hat das mit mir zu tun? Die Vergangenheit ist doch vorbei, passé. Was soll uns das noch?"

Aber: Es ist ja nicht wahr, dass Geschichte sich mit einer abgelebten, toten Vergangenheit befasst. Man kann ja gar nicht übersehen, dass Geschichte in unseren alltäglichen Lebenszusammenhängen immer wieder auftaucht und praktisch allgegenwärtig ist. Geschichte taucht in den Medien in der Form von Hörspielen, Spielfilmen, Dokumentationen oder Presseartikeln auf; es gibt Geschichte als politisches Argument in Parlamentsdebatten und Stammtischgesprächen, in der Form von Denkmälern und Erinnerungstafeln, in Romanen, Jugendbüchern und Comics, in Straßennamen und in der Werbung, im Museum, in Reiseprospekten und seit einiger Zeit auch im Internet und auf CD-ROM.

Seit einigen Jahren kursiert ein Begriff durch die Geschichtsdidaktik – „Geschichtskultur". Er meint – etwas verkürzt gesagt – alle sichtbaren, hörbaren oder sonst wahrnehmbaren Formen der Beschäftigung mit Vergangenheit und Geschichte, die es in einer Gesellschaft gibt. Dazu gehören natürlich auch die Geschichtswissenschaft und der Geschichtsunterricht, aber hier interessieren vor allem die Formen, die außerhalb von Schule und Universität bemerkbar sind.

Die Erscheinungsformen der Geschichtskultur zeigen die Gegenwärtigkeit von Geschichte in einer Gesellschaft. Wenn man genau hinschaut, kann man nur sagen: So viel Geschichte wie heute war nie. Das, was man da bemerken kann, ist allerdings nicht immer seriös – und insofern ist der Ausdruck „Geschichtskultur" auch ein wenig missverständlich. Aber in dieser Geschichtskultur lernen die Schülerinnen und Schüler mehr als irgendeine Generation vor ihnen über Geschichte. Ihnen begegnet Geschichte während ihrer Schulzeit mehr außerhalb als innerhalb der Schule, und erst recht in ihren späteren Lebenszusammenhängen wird ihnen Geschichte vor allem im Fernsehen, bei öffentlichen Debatten, bei Gedenkjahren und Gedenktagen und in anderen Formen einer gezielten „Erinnerungspolitik" immer wieder unterkommen.

PRAXIS:

Wir können statt von „Geschichtskultur" auch von einer „Gegenwärtigkeit von Geschichte" sprechen, die in den gesellschaftlichen Lebenszusammenhängen unübersehbar vorhanden ist. Nutzen Sie die außerschulischen Erscheinungsformen der „Geschichtskultur", in denen sich immer bestimmte Ausprägungen von Geschichtsbewusstsein offenbaren, für Ihren Unterricht. Wir wollen das an einem Beispiel verdeutlichen.

Im Jahr 2000 wurde in Aachen der Kaiserkrönung Karls des Großen in Rom vor 1200 Jahren gedacht. Wie immer bei solchen Anlässen waren Presse, Funk und Fernsehen voll von Hinweisen, Kommentaren, Berichten, Deutungen, in denen das Ereignis auf unsere Zeit bezogen wurde: Karl der Große war eine Zeitlang omnipräsent. Die Stadt Aachen war ganz auf Karl den Großen eingestellt, hatte eine Fülle von Veranstaltungen anzubieten, Werbeprospekte auf Karl den Großen zugeschnitten, und die Aachener Printenindustrie hatte ihre Werbung voll auf Karl den Großen umgestellt. Sammeln Sie bei solchen Gelegenheiten und lassen Sie die Schülerinnen und Schüler zusammentragen, was an Materialien erreichbar ist, lassen Sie die Schülerinnen und Schüler das Tourismusbüro der Stadt anschreiben und um Informationsmaterial bitten. Sie bekommen auf diese Weise fast mehr Material, als sie bearbeiten können. Welche Möglichkeiten ergeben sich daraus, eine Unterrichtseinheit über Karl den Großen in Vergangenheit und Gegenwart durchzuführen! Die Schülerinnen und Schüler können Hypothesen aufstellen, Fragen entwickeln, den Streit über eine historische Persönlichkeit miterleben, sich in Schulbüchern und anderweitig über Karl den Großen informieren, sich ihre eigene Meinung über ihn bilden – und das alles mit aktuellem Material, das ihnen zeigt, dass Karl der Große in der Gegenwart präsent ist. Und sie können dann fragen, was denn an diesem Menschen so bedeutsam war, ob er mit Recht den Beinamen „der Große" erhalten hat, was er bewirkt hat, warum er unterschiedlich gesehen wird! Die Gegenwärtigkeit von Geschichte wird ihnen bewusst – ihnen, die sonst oft dazu neigen, Geschichte für etwas Abgelebtes zu halten.

Geschichte ist also allgegenwärtig, und das ist eine große Chance für einen lebensnahen Geschichtsunterricht. Grundsätzlich gilt, dass alle Formen der Gegenwärtigkeit von Geschichte sich für „Einstiege" in ein Thema eignen Sie können mehr als anderes zu Neugier und Fragen führen und damit Prozesse historischen Nachfragens und Denkens auslösen. In aller Regel stößt man dabei von etwas Einzelnem auf allgemeine Zusammenhänge und kommt man gleichsam „von Hölzken auf Stöcksken".

Von Hölzken auf Stöcksken

Nehmen wir das Beispiel „Blue Jeans". Jeder hat sie, aber wer in Deutschland weiß, dass Löb Strauss, der von Buttenheim bei Stuttgart nach Amerika emigrierte, sie in Kalifornien entwickelte? (vgl. dazu die Unterrichtsanregungen S. 84 f.).

Wir wollen Sie im Folgenden auf viele Möglichkeiten hinweisen, mit dieser Gegenwärtigkeit von Geschichte im Geschichtsunterricht umzugehen und damit den Geschichtsunterricht so zu gestalten, dass den Schülerinnen und Schülern Geschichte wichtig werden kann.

Sie werden – vor allem als Fachfremder – bei der Durchsicht dieser Möglichkeiten vermutlich einwenden, wo Sie denn die Informationen und Materialien hernehmen sollten, die für eine Behandlung im Unterricht notwendig seien. Aber sind Sie nicht bei all diesen Möglichkeiten immer wieder in der gleichen Situation, in der Ihre Schülerinnen und Schüler in ihrem späteren Leben sind, wenn sie sich zu einer Frage historisch erinnern und vergewissern wollen? Üben Sie doch in Absprache mit den Lernenden genau diese Situation:

- Bekennen Sie Ihre Unkenntnis.
- Besprechen Sie mit ihnen, wie man sich am besten Informationen besorgt.
- Nehmen Sie den Weg über mögliche Vorkenntnisse der Lernenden und über knappe und ausführliche Lexikonartikel.
- Überlegen Sie gemeinsam mit den Lernenden, wo man ausführlichere Informationen suchen kann.
- Erstellen Sie gemeinsam einen Thementisch (vgl. S. 62 ff.).
- Nutzen Sie mit den Lernenden das Internet und sprechen Sie mit der Gruppe ab, wie sie die gewonnenen Kenntnisse und Erkenntnisse zu einem Produkt verarbeiten können.

3.1 Fünfmal Gegenwärtigkeit von Geschichte

Wir machen Sie im Folgenden auf fünf unterscheidbare Formen der Gegenwärtigkeit von Geschichte aufmerksam, die Sie für einen Unterricht abseits des Buches nutzen können (was nicht ausschließt, dass Sie dabei auch auf das Buch als eines unter mehreren anderen Medien zurückgreifen). In jedem Falle erschließt sich dabei für Schülerinnen und Schüler die Allgegenwärtigkeit von Geschichte: Sie erkennen zwanglos, dass sie von Geschichte umgeben und geprägt sind.

1. Geschichte findet sich – auf den ersten Blick fast unerkennbar – in den Sachverhalten und Begriffen des Alltags, die zu den unbefragten Selbstverständlichkeiten der Gegenwart gehören. Sie lassen erst bei genauerem Hinsehen ihr geschichtliches Gewordensein erkennen. Zum Beispiel haben Begriff und Sachverhalt des „Boykotts" eine geschichtliche Herkunft, die der Nachfrage wert ist.

2. Es gibt in der Gegenwart Spuren aus der Vergangenheit – materielle Überbleibsel der Vergangenheit wie etwa Bauwerke oder Denkmäler, Flurbezeichnungen, Straßennamen Friedhöfe, Stadtmauerreste, die sichtbar und erkennbar einfach „da sind", und mehr oder weniger auffallen und zum Nachfragen reizen. Dazu gehören aber auch Zeugnisse, die erst abgerufen werden müssen, um sichtbar oder hörbar zu sein wie etwa stehende oder laufende Bilder, aufgezeichnete Reden, Dokumente aus der Familiengeschichte. Folgt man diesen Spuren, gerät man unversehens in größere historische Zusammenhänge.

3. Es gibt Vergangenheit, die sich in wesentlichen Errungenschaften zeigt, die unabhängig von sonst differenten politischen Ansichten in der Gegenwart als nicht hintergehbare, vielmehr bewahrenswerte Ergebnisse historischen Denkens und Handelns gelten – wie immer (noch) im Einzelfall gegen sie verstoßen werden mag: Demokratie, Menschenrechte, rechtliche Gleichstellung von Frauen oder soziale Sicherheit. Hier zeigt sich die Gegenwärtigkeit von Vergangenheit als ein normatives, verpflichtendes Erbe der Anstrengungen, Opfer und leidvollen Erfahrungen früherer Generationen – als ein Erbe, das Anstrengungen zu ihrer Bewahrung, Verteidigung und Fortführung rechtfertigt. Ausgangspunkt können Pressemeldungen über entsprechende politische Forderungen oder aber Streit um Verletzungen von Regeln des schulischen Zusammenlebens sein. Fragen stellen sich: Wo kommt das her? Was war davor? Wer hat darum gekämpft? Gegen wen oder was? Wie lange hat es gedauert?

4. Daneben gibt es Vergangenheit, die als Hypothek auf der Gegenwart lastet und sich in Denkweisen und Handlungen zeigt, die nicht mehr zu rechtfertigen sind – zum Beispiel in Fundamentalismus, Rassismus, Nationalismus. Die Erkenntnis dieser Gegenwärtigkeit von Vergangenheit kann zur Einsicht in gegenwärtige Aufgaben politischen Handelns führen, bei dem es um die Aufarbeitung oder um die Befreiung von einer Vergangenheit geht, die „wie ein Alb auf den Gehirnen der Lebenden lastet" (Marx). Ausgangspunkt können auch hier vor allem Pressemeldungen sein, die historisch vertieft werden können: Wo kommt das her? Gibt es historische Erfahrungen damit?

5. Es gibt Vergangenheit, die Menschen in der Gegenwart reizt, sich mit ihr aus vorwiegend kognitiven, politischen, ästhetischen oder ökonomischen Gründen zu beschäftigen – kognitiv im Bereich der Geschichtswissenschaft, politisch im Bereich einer gezielten Erinnerungspolitik, ästhetisch im Bereich künstlerischer Verarbeitungen von Geschichte, ökonomisch im Bereich einer Vermarktung von Geschichte. Es handelt sich um den Gesamtbereich der „Geschichtskultur", der eine besondere Wachsamkeit erfordert.

Es geht dabei um die „historische Dimension" gegenwärtiger Selbstverständlichkeiten, die in einer Unterrichtseinheit erschlossen wird. Diese Erschließung bedeutet immer zugleich, dass dabei ein historischer Kontext und Wandlungen, Veränderungen, Andersartigkeiten zwischen Vergangenheit und Gegenwart erarbeitet werden müssen.

3.2 Faktenwissen oder/und kategoriales Wissen

„Dreidreidrei bei Issos Keilerei" war für Generationen die „Eselsbrücke", um sich merken zu können, dass Alexander der Große („er allein?") im Jahre 333 v.Chr. bei Issos eine Schlacht gegen die Truppen des persischen Großkönigs Dareios III. gewonnen hatte. Das Datum musste man kennen wie so viele andere Daten, die an und für sich im wahrsten Sinne des Wortes sinn-los waren. Machen solche sinnlosen Daten denn wirklich „die Geschichte" aus? Sind sie wirklich hilfreich bei der Orientierung in der Gegenwart – oder sind sie nicht vielleicht doch überflüssig? Welches Wissen kann, soll, muss im Geschichtsunterricht gelernt werden? Welches Wissen ist entbehrlich? Was soll erinnert, was kann vergessen werden? Grobmarkierungen sollten durchaus gelernt werden – zum Beispiel die Begriffe „Altertum", „Mittelalter", „Neuzeit", „Renaissance", „Aufklärung"…

Kategorien sind Erkenntnisse höchsten Allgemeinheitsgrades, die sich in einer Wissenschaft herausgebildet haben. Im Bereich der Geschichtswissenschaft ist dies etwa die Kategorie der Veränderung: „Nix bleibt, wie es ist" – das ist eine allgemeine Einsicht der Historie. Dass Veränderungen durch das Handeln von Menschen – und nicht etwa durch das Eingreifen Gottes oder des Weltgeistes – bewirkt werden, ist eine weitere allgemeine Einsicht der Historie ebenso wie die Einsicht, dass Veränderungen sich auch dem Nicht-Handeln eines Teils der betroffenen Menschen verdanken. Solche Kategorien haben einen hohen didaktischen Wert: Sie bergen allgemeine Erfahrungen und verallgemeinerungsfähige Erfahrungen über menschliches Handeln und Leiden.

3.3 Methoden historischer Erkenntnis

Es werden hier vor allem zwei Methoden historischer Erkenntnis betont: „Verstehen" und „Erklären". Beide gehören eng zusammen und können kaum voneinander getrennt werden: Immer geht es darum, mit welchen Absichten Menschen auf vorgegebene Bedingungen ihres Lebens einzuwirken versucht haben.

Verstehen

Beim historischen „Verstehen" geht es in der Schule im wesentlichen darum, dass Schülerinnen und Schüler lernen, sich in die Lage historisch handelnder und leidender Menschen hineinzudenken und zu „verstehen", warum Frauen und Männer und Kinder in bestimmten historischen Situationen gedacht und gehandelt haben, wie sie gedacht und gehandelt haben. Es geht darum, welche Motive, Zielvorstellungen früher lebende Menschen in einer bestimmten Situation gehabt und zu verwirklichen versucht haben: Warum haben die Griechen und Römer es für selbstverständlich gehalten, dass die mühselige Arbeit von Sklavinnen und Sklaven verrichtet wurde? Warum haben die Sklavinnen und Sklaven sich in der Regel in ihre Rolle geschickt? Warum war die überwiegende Mehrheit der Bevölkerung im nationalsozialistischen Deutschland grundsätzlich regierungsfreundlich eingestellt?

Was lernt man daraus und daran? Man lernt daraus im besten Fall, die Perspektive anderer Menschen einzunehmen („Perspektivenübernahme") und dabei zu erkennen, dass sie in ihrer Situation Gründe dafür hatten, so zu denken und zu handeln, wie sie gedacht und gehandelt haben, ohne dass man diese Gründe teilen muss. Man lernt, Andere und Fremde zu verstehen. Man lernt Denkweisen und Wertvorstellungen kennen, die eine Bereicherung eigener Denkweisen, Handlungsweisen und Wertvorstellungen werden können. Man lernt „Empathie" als die Fähigkeit, die Welt mit den Augen und Köpfen anderer Menschen wahrzunehmen. Man lernt, eigene Positionen in Frage gestellt zu sehen.

Wenn man lernt, sich in andere Menschen hineinzudenken – und damit auch Toleranz zu erwerben –, mag es gelegentlich schwierig sein, sich aus den anderen Menschen wieder herauszudenken, und dies stellt zweifellos ein Problem des „Verstehens" dar: Es kann zu einer allgemeinen Relativierung oder zu einer Verunsicherung in eigenen Standpunkten führen. Folglich muss man neben dem „Verstehen" auch lernen, Partei zu ergreifen und eine eigene Position zu finden.

Wie können Sie bei den Schülerinnen und Schülern „Verstehen" und „Parteinahme" anlegen und fördern? Sie werden bei Ihren Schülerinnen und Schülern häufig einen Hochmut der späten Geburt finden:

Erklären

Wer lernen will oder soll, sich in andere, früher lebende Menschen hineinzudenken und ihre Perspektive zu übernehmen, muss auch lernen, die Umstände und Bedingungen zu erkunden, unter denen die Menschen gedacht und gehandelt haben. Es ist wichtig zu wissen, wie die Herrschaftsverhältnisse gelagert waren, wer Macht und Einfluss hatte oder machtlos und ohnmächtig war. Ohne dieses „Hinterfragen" – z.B. wer aus welcher sozialen Schicht, Klasse oder Gruppe unter welchen gesellschaftlichen, wirtschaftlichen und politischen Bedingungen was in welcher Absicht wo oder wem sagt – bliebe auch der multiperspektivische Geschichtsunterricht einem idealistischen Geschichtsverständnis verhaftet, das zur Erklärung realhistorischer Entwicklungen nur einen mehr als bescheidenen Beitrag leisten kann. Beim „Erklären" lernen die Schülerinnen und Schüler, was in der Dimensionierung des Geschichtsbewusstseins bei Hans-Jürgen Pandel „Historizitätsbewusstsein" genannt wird und für die historisch-politische Bildung einen eminenten Stellenwert hat: die Unterscheidung von „veränderlich" und „dauerhaft".[1] Menschliches Denken und Handeln muss sich immer an den Möglichkeiten orientieren, die die Bedingungen hergeben, um verändern und bewahren zu können; menschliches Denken und Handeln muss immer sinnvoll mit den Möglichkeiten vermittelt sein, und diese Vermitteltheit entscheidet wesentlich über den Erfolg oder den Misserfolg, das Gelingen oder das Scheitern. Die Schülerinnen und Schüler sollen lernen, dass es Strukturen gibt, die sich nur durch eine langfristige Zukunftsperspektive und durch das berühmte Bohren dicker Bretter (Max Weber), möglicherweise über Generationen hinweg, verändern lassen: Die Republik – bei Kant noch eine „Chimäre" und doch ein Ziel, für das es einzutreten lohnte – ist nach Generationen dadurch zur Wirklichkeit geworden, dass sich in diesen Generationen viele und immer mehr Menschen für diesen Gedanken eingesetzt haben; die Gleichberechtigung von Frauen, seit Jahrhunderten gefordert, immer abgewehrt und mit der Guillotine oder anderem subtiler bestraft, wird Realität werden. Eine der dazu notwendigen Voraussetzungen ist, bei Schülerinnen und Schülern ein Historizitätsbewusstsein zu fördern, das um die Schwierigkeiten der Verwirklichung weiß und den Schwierigkeiten durch Geschichtsbewusstsein trotzen kann.

3.4 Planung von Unterricht

Aus Ihren eigenen Fächern wissen Sie: Wer vor dem Unterricht nicht genauestens weiß, was er will, darf sich während des Unterrichts und nach dem Unterricht nicht wundern, wenn die Schülerinnen und Schüler nicht „mitziehen" und kaum etwas lernen. „Schwellenpädagogik" nennt man ja das Vorgehen, bei dem der Lehrer oder die Lehrerin beim Überschreiten der Klassenschwelle sich entscheiden, heute in dieser Stunde dieses oder jenes zu machen. Schwellenpädagogik kann bei erfahrenen und fachkompetenten Lehrerinnen und Lehrern gelegentlich zu Traumstunden führen. Die Regel ist das nicht – und schon gar nicht bei fachfremd unterrichtenden Lehrerinnen und Lehrern. Sie verlassen sich dabei in der Regel auf die Arbeit mit dem Schulbuch und fallen in den traditionellen Geschichtsunterricht zurück: Lesen im Buch – Verständnisfragen – Wiederholendes Abfragen des Gelesenen – Erläuterungen – Weiterlesen im Buch – Verständnisfragen ...

Ich wiederhole noch einmal, welche Folgen das hat:
• Die Schülerinnen und Schüler lernen nicht, selber zu denken.
• Die Schülerinnen und Schüler lernen nur, lustlos auszuführen, was sie gesagt bekommen.
• Die Schülerinnen und Schüler sind gelangweilt und unwillig, weil sie nicht erkennen können, was Geschichte mit ihnen zu tun hat.
• Sie selber sind unzufrieden bis frustriert, weil die Schülerinnen und Schüler sich Ihrem Unterricht verweigern (bis auf die wenigen, die Geschichte in jeder Form interessiert).
• In der Regel eskaliert die Situation, und die Beteiligten machen sich gegenseitig Schuldvorwürfe. Es zeugt von Ihrer Souveränität, wenn Sie die Schuld nicht bei den Lernenden suchen.
• Die von Ihnen erwarteten Lernergebnisse bleiben aus, und Sie merken das während des Unterrichts und vor allem beim ersten Test.

Wenn Sie Ihren Unterricht planen, brauchen Sie „nur" eine Grundeinstellung – aber die brauchen Sie unabdingbar:

◆ Die Schülerinnen und Schüler sollen so oft und so weit wie möglich selbständig arbeiten, weil sie nur so lernen, historisch zu denken. Historisches Denken ist aber gebunden daran, dass man eine Frage an die erkennbare Vergangenheit hat, die dazu motiviert, sich in der Gegenwart mit einem Sachverhalt oder einer Entwicklung der Vergangenheit zu befassen. Jede Unterrichtseinheit und jede Unterrichtsstunde braucht also eine Leitfrage, die so motivierend und faszinierend ist, dass die Schülerinnen und Schüler – mindestens mehrheitlich – Lust haben, sie in Gruppen-, Partner- oder Einzelarbeit selber zu beantworten.

Grundsätzlich gelten für die Planung von Unterricht immer noch Ausgangspositionen, die von der „Berliner Schule" formuliert worden sind und die jeden Unterricht betreffen.

1. Schülerinnen und Schüler sind nicht gleich, sondern überaus verschieden. Sie wachsen in unterschiedlichen Umgebungen („Milieus") auf, durch die sie geprägt sind. Die einen wachsen in Familien auf, in denen Bücher zur Grundausstattung gehören, die anderen in Familien, in denen Fernsehen und Videos vorherrschen; die einen werden zu Hause gefördert, die anderen werden sich selber überlassen; die einen leben in Verhältnissen einer getrennten Ehe, die anderen in einer leidlich funktionierenden Familie; die einen sind Kinder deutscher Eltern, die anderen sind Kinder ausländischer Eltern; in dem einen Elterhaus gibt es Tabus, die es im anderen Elternhaus nicht gibt; die einen werden zu Hause auf klassische Mädchen- oder Jungenrollen hin erzogen, die anderen werden nicht auf solche Rollen festgelegt. Sie alle – wenn auch in unterschiedlichem Maße – lernen außerhalb der Schule mehr an Geschichte als je Kinder einer Generation vor ihnen. Sie bringen – was Geschichte betrifft – immer schon bestimmte fragmentarische Wissensbestände, Voreinstellungen, Vorurteile und Deutungsmuster mit, die sie außerhalb der Schule gebildet haben. Bei der Planung von Unterricht müssen Sie diese *soziokulturellen Voraussetzungen* mitbedenken, wenn Sie die Lernenden erreichen und verstehen wollen.

2. Vereinfacht gesagt: Schülerinnen und Schüler sind immer vor der Pubertät, in der Pubertät oder nach der Pubertät – und Sie selber wissen am besten, welche Chancen und Grenzen dadurch gegeben sind. Sie befinden sich immer in Phasen ihrer Entwicklung, in denen sie manches noch nicht können, anderes schon sicher beherrschen. Was erschwerend hinzukommt: Manche Kinder können schon, was andere im gleichen Alter noch nicht können. Die für den Geschichtsunterricht so wichtige Operation der „Perspektivenübernahme" können Kinder und Jugendliche in der Sekundarstufe I in aller Regel schon vollziehen. Trotzdem ist ihre gezielte Förderung wichtig, weil es sich hier oft eher um eine Verweigerung als um eine Unfähigkeit geht, wenn sie sie nicht vollziehen. Bei der Planung von Unterricht müssen Sie diese *anthropogenen Voraussetzungen* berücksichtigen, wenn Sie die Lernenden erreichen und verstehen wollen.

3. In jeder Lernsituation lassen sich drei Momente unterscheiden, die sich z.T. wechselseitig bedingen, in jedem Fall einen Zusammenhang bilden und in den Überlegungen zur Planung eine wesentliche Rolle spielen. Erstens: Die Schülerinnen und Schüler erwerben Kenntnisse

und Erkenntnisse (Wissen) – und *sollen* sie auch erwerben. In der Lernzielsprache heißt das dann etwa „Die Schülerinnen und Schüler sollen wissen, dass Hitler 1933 zum Reichskanzler bestellt wurde" oder „Die Schülerinnen und Schüler sollen erkennen, dass in der letzten – halbwegs – freien Wahl mehr als 40% der deutschen Wählerinnen und Wähler die NSDAP wählten, weil sie sich davon eine Verbesserung der Lage erwarteten". Das ist das *kognitive* Moment einer jeden Lernsituation. Zweitens: Die Schülerinnen und Schüler tun etwas, um zu Kenntnissen und Erkenntnissen zu kommen – und sie sollen etwas tun: Sie lesen und interpretieren schriftliche Quellen, sie betrachten, beschreiben und interpretieren Bilder, sie vergleichen, sie stellen kausale Beziehungen her, sie ziehen Schlussfolgerungen, sie nehmen die Perspektive historischer Frauen, Männer oder Kinder ein – und *sollen* all dies tun. In der Lernziel-sprache heißt es dann etwa „Die Schülerinnen und Schüler sollen das Herrscherbild Ludwigs XIV. betrachten und in allen Einzelheiten beschreiben" oder „Die Schülerinnen und Schüler sollen die Perspek-tive eines französischen Bauern im Absolutismus einnehmen und Tagebuchnotizen in der Ich-Form schreiben". Das ist das *pragmati-sche* Moment einer jeden Lernsituation. Drittens: Schülerinnen und Schüler haben Gefühle, Gefühle der Lust und Unlust, des Interesses und des Desinteresses, der Betroffenheit und der Gleichgültigkeit – und *sollen sie sie auch haben*? Zunächst einmal: Sie haben solche Gefühle und äußern sie auch. Solche Gefühle sind von erfahrenen Lehrerinnen und Lehrern für bestimmte Lernsituationen vorherseh-bar und damit „einplanbar". Sie können das Lernen hemmen oder fördern. Dann aber: Bestimmte Gefühle können Kindern und Jugendlichen nicht abverlangt werden. Ich kann keinem Kind, keinem Jugendlichen abverlangen, dass sie „betroffen" sind von etwas. Ich kann nicht in der Lernzielsprache fordern „Die Schülerin-nen und Schüler sollen durch das Betrachten des Films ‚Schindlers Liste' betroffen sein" – ich kann hoffen, dass sie betroffen sind, aber es wäre ein Übergriff, wenn ich das Vorhandensein oder Nicht-vorhandensein des Gefühls mit einer Note von „sehr gut" bis „ungenügend" zensieren würde. Es geht bei diesem affektiv-pathischen Moment einer Lernsituation nur darum, die erwartbaren Gefühle zu bedenken und in der Planung von Unterricht zu berücksichtigen, gleichsam mit ihnen zu arbeiten: Erwartbare Ge-fühle der Unlust zwingen mich, meine Planung zu ändern; erwart-bare Gefühle der Faszination erleichtern mir die Stunde; erwartbare Gefühle des Überdrusses („mein Gott, nicht schon wieder Nationalsozialismus ...") eröffnen auch die Chance, das Thema mit einer überraschenden Wendung oder einer spannenden Frage aus einer völlig neuen und dann doch faszinierenden Sicht anzugehen.

Bei der Planung von Unterricht unterscheide ich hier der Einfachheit halber zwei Grundformen – einen stärker lehrerzentrierten und einen stärker schülerzentrierten Unterricht. Selbstverständlich gibt es Mischformen, aber das werden Sie selber am besten herausfinden und umsetzen können.

Das Ziel haben Sie im Kopf: Geschichte selber denken. Die Voraussetzungen haben Sie im Kopf: Soziokulturelle und anthropogene Voraussetzungen – die Schülerinnen und Schüler sind als Gruppe so und so, die einzelnen Schülerinnen und Schüler sind so und so, die eine ist da ansprechbar, der andere ist da ansprechbar, und ich werde das berücksichtigen.

„Was war Sache?" oder: Sachanalyse

Falls Sie fachfremd Unterrichtender sind, werden Sie mit den Forschungsergebnissen und Gesamtdarstellungen der modernen Historie nicht vertraut sein. Niemand kann oder wird Ihnen verdenken, wenn Sie sich auf das Schulbuch stützen (und gelegentlich andere Schulbücher zu Rate ziehen), das im Unterricht verwendet wird. Und wenn die Schülerinnen und Schüler Fragen haben, die Sie nicht beantworten können, ist das kein Beinbruch, sondern Gelegenheit, gemeinsam mit den Fragenden nach einer Antwort zu suchen. Sie vergeben sich dabei nichts.

Ihre fachliche Vorbereitung müssen Sie also in erster Linie auf der Grundlage des Schulbuchs leisten.

Wie kommt der Pfarrer zu seiner Sonntagspredigt?
Oder: Didaktische Analyse

Was hat die „geschichtsdidaktische Analyse" mit der Vorbereitung des Pfarrers auf seine Predigt am Sonntag zu tun? Was der Pfarrer bei der Exegese ausgewählter Passagen der Bibel macht, ist letztlich eine „didaktische Analyse": Er befragt einen Text, der jahrhundert- oder jahrtausendealt ist, daraufhin, was er heute bedeuten kann, was er uns heute noch sagen kann für unsere Orientierung in der Gegenwart und Zukunft. Die Predigt ist auf die Frage ausgerichtet, was wir heute für heute und morgen aus der Bibel lernen können. Häufig ist beobachtbar, dass die Bibelstellen auf Große Fragen unserer Gegenwart und absehbaren Zukunft bezogen werden – etwa auf die Migrationen heute, auf Gewalt gegen Minderheiten, auf die Asylfragen der Gegenwart, auf die Ursachen und Folgen der Globalisierung,

Flexibilisierung oder Modernisierung mit ihren ungeheuren Veränderungsgeschwindigkeiten.

Letztlich ist die geschichtsdidaktische Analyse nach dem gleichen Muster des Nachdenkens gestrickt. Hier wird ein historischer Sachverhalt oder eine historische Entwicklung – über die wir zahlreiche Zeugnisse und viele Forschungsergebnisse haben – daraufhin befragt und bedacht, was sie für das Orientierungsvermögen in Gegenwart und Zukunft hergeben können. Und so wie der Pfarrer sich in aller Regel schwertut, die Texte aus uralten Zeiten auf die Gegenwart und Zukunft zu beziehen, so tun sich auch Geschichtslehrerinnen und -lehrer schwer, in historischen Sachverhalten oder Entwicklungen zu entdecken, was an ihnen heute und morgen bedenkenswert ist.

Es ist in der Regel schwierig, abseits vom Schulbuch eine didaktische Analyse größeren Stils zu machen. Deshalb rate ich Ihnen, sich am Schulbuch zu orientieren und zu prüfen, ob sie im Verfassertext oder in den Quellen und Materialien auf Gesichtspunkte stoßen, von denen Sie meinen, sie könnten didaktisch von besonderem Interesse sein.

Das Schulbuch wird Ihnen also Orientierungshilfen geben. Wie Sie weiterhin „langsam loslassen" können und am Ende vielleicht für einige Zeit einen Unterricht ganz ohne Schulbuch wagen können, dazu wollen wir Sie in den folgenden Kapiteln ermutigen.

Anmerkung

1 Vgl. Hans-Jürgen Pandel, Dimension und Struktur des Geschichtsbewusstseins, in: Hans Süssmuth (Hrsg.): Geschichtsunterricht im vereinten Deutschland. Auf der Suche nach Neuorientierung, T.1, Baden-Baden 1991, S. 55ff.

4. Langsames Loslassen Teil II: Das Schulbuch ergänzen durch Lernarrangements

Donnerstag, fünfte Stunde, Geschichte. Die Schülerinnen und Schüler einer siebten Klasse betreten gelangweilt nach zwei Sportstunden den Raum. Sie hören leise Musik: eine mittelalterliche Tanzmusik erklingt. Auf einer Zeitcollage sehen sie Bilder aus dem Leben der Menschen des Mittelalters, auf dem Thementisch liegen Jugendbücher, darüber hängen vergrößerte Kopien der Grundrisse einer Burg und der Bauweise einer Kathedrale. Eine Zeitleiste des Mittelalters ist vom Lehrer vorbereitet: In groben Zügen enthält der Zeitstrahl Eckdaten des Mittelalters, freie Stellen machen neugierig.

Die Schülerinnen und Schüler schauen sich um, zeigen sich Bekanntes und Unbekanntes, werden leiser, erzählen, fragen. Die Arbeit am Thema hat ohne Aufforderung begonnen, dazu hat das Lernarrangement motiviert.

Zu viel Vorbereitung für die Lehrenden? Sicherlich eine ganze Menge Vorarbeit für dieses Lernarrangement, aber: sie zahlt sich aus! Sie haben für die nächsten Wochen weniger Arbeit, und zwar durch die Visualisierung des Themas, durch das Angebot verschiedener Medien und Materialien sowie unterschiedlicher Lernzugänge, die für eigenständiges Arbeiten der Schülerinnen und Schüler genutzt werden können, so dass Sie – je nach Stand des „Loslassen-Könnens" – nur noch Beobachter, Berater und Helfer sind. Auf das Schulbuch können Sie immer wieder zurückgreifen und es ist selbstverständlich auch noch Arbeitsgrundlage für Einzel-, Partner- und Gruppenarbeit.

◆ Merksatz: Die Vorbereitung von Lernarrangements macht Mühe und kostet Zeit – aber sie lohnt sich, weil Lernende motivierter, selbständiger und kompetenter werden und dadurch Lehrende nach und nach entlasten. Lernarrangements bieten differenzierte Zugänge für heterogene Lerngruppen und besonders für Kinder aus Migrantenfamilien.

Ein Lernarrangement beginnen Sie am einfachsten mit Hilfsmitteln zur Zeitorientierung, zum Beispiel einer Zeitleiste. Nach und nach folgen dann Zeitcollagen, die Gewöhnung der Schülerinnen und Schüler an den Thementisch, an die Kleiderkiste, an Karten- und Bucharbeit, an Präsentationen und vieles mehr. Sobald erste Schülerarbeiten fertig sind, werden auch diese auf dem Thementisch ausgelegt oder darüber aufgehängt (s. Abb. 4).

Historische Klänge als Hintergrundmusik sind wohl eher seltener, aber sehr empfehlenswert! Mit viel Freude konnte ich zum Beispiel die positive Wirkung von Charleston-Musik auf die Arbeits- und Behaltensleistung von eher schwächeren Schülern in einer Gesamtschulklasse beobachten, die zusammen mit Bildern der so genannten „Goldenen Zwanzigern" der Weimarer Republik präsentiert wurde.

Nachstehend werden die Medien, Materialien und Methoden des Lernarrangements, die sich nach vielen Monaten des Einübens und Vervollständigens mit didaktischen Forderungen zum *„Lernen im Geschichtsraum"* [1] verbinden, im Einzelnen erklärt:

4.1 Die Orientierung in der Zeit

Medien und Methoden, die ein Lernarrangement schaffen und zugleich der *Zeiterfassung* dienen, sind Zeitleiste, Zeitrolle, Geschichtsschrank, Zeitcollage und Zeitreise. Sie helfen zur Orientierung sowohl im alten chronologischen Unterricht, ganz besonders aber im Neuen Geschichtsunterricht, in welchem Längsschnitte oder Querverbindungen sowie ein Wechsel zwischen den Jahrhunderten eine zeitliche Orientierung erschweren können. Die im Folgenden beschriebenen Medien und Methoden helfen Schülerinnen und Schülern, so genannte *„Ankerpunkte"* [2] für die Einordnung historischen Geschehens zu gewinnen.

- Die Zeitleiste ist eine in Worten und Zahlen, häufig auch Bildern geordnete Übersicht über einen bestimmten Zeitabschnitt auf einer Geraden.
- Die Zeitrolle bietet diesen Überblick durch Abrollen von Bändern, Papier oder einer Stoffbahn. Sie hilft, größere Zeitabschnitte zu ordnen und sinnlich zu erfassen, etwa den Bereich vor unserer Zeitrechnung. Texte und Bilder fehlen meist auf der Zeitrolle.
- Die Zeitcollage sammelt Bilder zu einem zeitlich begrenzten Thema und ist damit eindrücklich für solche Schülerinnen und Schüler, die visuelle Zugänge brauchen. Lehrende ergänzen mit der Zeitcollage Texte und andere Materialien des *Thementisches.*

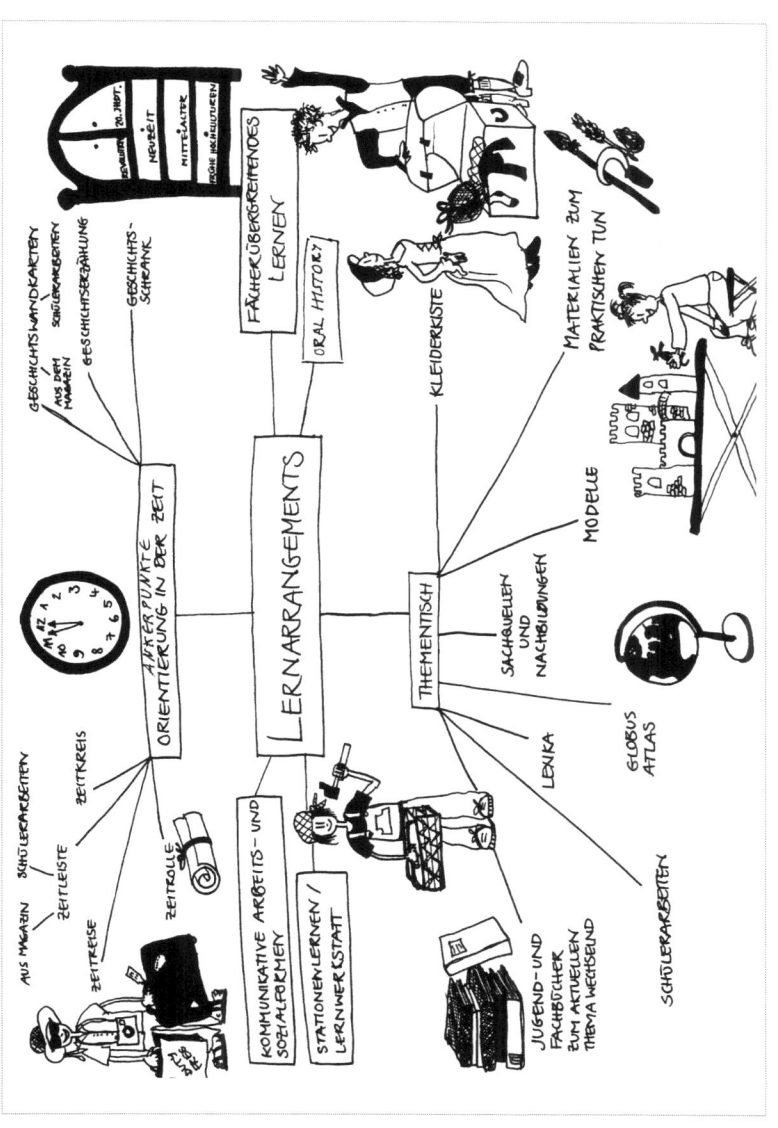

Abb. 4: Mind Map: Lernarrangements

- Der Geschichtsschrank ist ein Kistchen mit fünf Schubladen, in welchen alles gesammelt wird, was sich im Laufe der Jahre in einer Klasse zu historischen Themen anhäuft. In den Schubladen Vorzeit, Altertum, Mittelalter, Neuzeit und Neueste Zeit werden Medien wie Quellen, Textauszüge, Prospekte, Referate, Zeitungsausschnitte, Zitate aus Werbungen und anderes mehr geordnet abgelegt und wieder verwendet, wenn es das Thema erfordert.
- Der Zeitkreis ist das geeignetste Hilfsmittel, um die historische Zeit in die Erdgeschichte einzuordnen. Dabei symbolisiert der Kreis eine „Erduhr" von 60 Minuten, auf welcher das Urmeer nach 8 Minuten und die Urtierchen in der 45. Minute entstanden. Die Saurier verschwanden in der 59. Minute, und uns Menschen gibt es erst seit zwei Sekunden.
- Die Zeitreise entführt Schülerinnen und Schüler mit Hilfe einer Geschichtserzählung, eventuell auch mit Bildern und Musik, in das zu bearbeitende aktuelle Thema. Sie kann fiktive Elemente enthalten und sollte die Fantasie der Schülerinnen und Schüler anregen, damit diese ihre Imagination in Form von „Reiseerlebnissen" einbringen können. In der Nachbesprechung nach der Zeitreise muss zwischen Historie und Fiktion unterschieden werden.
- Eine Geschichtskarte verbindet die Abbildung des geographischen Raumes mit historischen Informationen. Für ungeübte Schülerinnen und Schüler sind Geschichtskarten anfangs abschreckend, aber doch notwendig, um zum Beispiel die geographische Ausdehnung von Machtbereichen zu zeigen. Geschichtskarten findet man als Wandkarten in den Magazinen der Schulen, sie können auch von Lernenden und Lehrenden für das jeweilige Thema hergestellt werden.

Einige Tipps zu solchen Medien oder Methoden, bei denen die meisten Fehler auftauchen können:

PRAXIS:

Die Arbeit mit Zeitleisten und -rollen

Einführung:
Kinder und Jugendliche, die sich noch nicht mit zeiterfassenden Medien auseinandergesetzt haben, sollten zuerst eine überschaubare *Zeitleiste* selbst herstellen
– zu ihrer eigenen Lebensgeschichte
– zu ihrer Familiengeschichte oder
– zu ihrer Schulvergangenheit.

Dazu müssen die Schülerinnen und Schüler Familienmitglieder und Schulfreundinnen und -freunde befragen, Material sammeln, eine Skala festlegen, Texte entwerfen und die Leiste anlegen. Sie lernen dabei, sich über wichtige Zäsuren ihres Lebens Gedanken zu machen, dazu Fragen zu stellen, Antworten auszuwerten, Wichtiges von Unwichtigem zu unterscheiden und Form und Inhalt aufeinander abzustimmen. Sie üben, einen Berechnungsmaßstab zu entwickeln und anzuwenden. Sie lernen auch, die Perspektive der Schulfreundinnen und -freunde zu bedenken, wenn diese die gemeinsam erlebte Schulzeit anders sehen und eigene Schwerpunkte setzen. Diese Erfahrungen werden ihnen helfen, sich auf gekauften oder von Lehrenden erstellten Zeitleisten besser zurechtzufinden oder diese einzuschätzen.

Weiterführende Arbeit:
Nach den ersten Erfahrungen im Herstellen eigener Zeitleisten, die das persönliche Leben abbilden, werden die Schülerinnen und Schüler aufgefordert, diese bei der gemeinsamen Erarbeitung einer Leiste zum aktuell bearbeiteten historischen Thema einzubringen. Ihre persönlichen Daten werden zum Teil aufgenommen und mit den zur Orientierung notwendigen historischen Daten ergänzt. Zusätzlich können Lehrerinnen und Lehrer ihre Klasse auch dazu auffordern, eigene kleine Texte, Bilder oder Recherchen zum Thema nach Abstimmung mit allen Beteiligten auf die Leiste zu kleben. So entsteht ein Gemeinschaftswerk, das viel lieber im Klassenraum aufgehängt werden wird als eine von Lehrenden erstellte oder gekaufte Zeitleiste.[3]

Bieten Sie einmal eine Zeitleiste an, in welcher die Schülerinnen und Schüler ihre Kenntnisse über Spielfilme mit historischen Inhalten festhalten dürfen. Schon sind Sie mitten in einer Diskussion über Zeit und Geschehen und schaffen Motivation für die Auseinandersetzung mit Geschichte.

Gute Erfahrungen haben wir mit einer *flexiblen Zeitleiste* gemacht. Hierauf werden kleine Dinge wie CD-ROMs, Kugelschreiber, Streichholzschachtel, Backpulver oder Bilder anderer Erfindungen gehängt, dazu Bilder und Texte des Themas. Auf der flexiblen Zeitleiste sind „Ankerpunkte" festgehalten. In einer Kiste befinden sich dazu Gegenstände, Bilder und Texte, die von den Schülerinnen und Schüler je nach Thema auf die Leiste aufgenommen werden können. Bei diesem Arrangement können die Lernenden auch Persönliches ankleben, sie müssen diskutieren, beraten und entscheiden. Sie gestalten ihre Zeitleiste zu jedem Thema neu. Sie tragen dazu bei, dass Zeit mit Inhalten gefüllt wird.

Sollte eine Leiste zu lang zum Aufhängen werden oder kein fester Klassenraum für die Lerngruppe zur Verfügung stehen, sollte als zeiterfassendes Medium die Zeitrolle genutzt werden.

Eine *Zeitrolle* wird von den Lehrenden aus einer Rolle mit Bändern oder Papier- und Stoffstreifen selbst hergestellt, um gemeinsam mit der Lerngruppe in eine weit entfernte Zeit zu „reisen". Durch Abrollen der unterschiedlich farblich gekennzeichneten Jahrhunderte oder Jahrtausende erfahren die Schülerinnen und Schüler die Zeitdauer weit sinnlicher, als es die Verwendung einer Zeitleiste erlaubt. Manche Lehrerinnen und Lehrer verlegen das Abrollen sogar nach draußen auf den Schulhof oder auf eine Wiese und lassen Schülerinnen und Schüler die abgerollte Rolle begehen und so die Zeit mit ihren eigenen Schritten abmessen. Wenn ein Schritt ausreicht für mein eigenes gelebtes Leben, wie lange müsste ich gehen, um in der Steinzeit anzukommen? Ganz einfach kann man die Zeit übrigens auf einer Kreidelinie auf dem Schulhof „abmessen".

Zeitrollen können ohne Mühe in andere Schulräume und auch zu außerschulischen Lernorten mitgenommen werden, auch dies ein Vorteil gegenüber der zumeist sperrigen Zeitleiste. Ein Nachteil ist allerdings, dass die Zeitrolle kaum Platz bietet für das Anbringen von Texten, Bildern und Schülerarbeiten.

Die Arbeit mit dem Geschichtsschrank

Einführung:
Die Schülerinnen und Schüler erhalten die Aufgabe, einen Schrank mit den gängigen Namen der fünf Epochen Vorzeit (vor 3000 v.Chr.), Altertum/Antike (3000 v.Chr. bis 500 n.Chr.), Mittelalter (500 bis 1500 n.Chr.), Neuzeit (1500 bis 1800) und Neueste Zeit (ab 1800) in einer Zeichnung zu entwerfen. Sie thematisieren ihr Vorwissen und ordnen dieses sowie vorhandene Medien in die Epochen ein. Ein großes Plakat wird aus einem gemeinsam erwählten Entwurf erstellt, und Vorwissen und Medieninhalte werden darauf festgehalten.

Weiterführende Arbeit:
Wenn Ihrer Lerngruppe ein fester Klassenraum zur Verfügung steht und Sie wissen, dass Sie die Gruppe über einen längeren Zeitpunkt begleiten dürfen, lohnt es sich, einen „echten" Geschichtsschrank[4] anzulegen. Dies kann ein oft günstig zu kaufender Schubladenturm aus Pappe oder ein kleiner Holzschrank sein. In den fünf Schubladen wird nun über einen längeren Zeitraum alles zu den jeweiligen Epochen ge-

sammelt, zum Beispiel Quellen, Prospekte, Zeitungsausschnitte, Jugend-literatur, besondere Arbeiten von Schülerinnen und Schülern und vieles mehr, was nach gemeinsamen Vorstellungen lohnt, „archiviert" zu wer-den. In der Diskussion dieser Vorstellungen entstehen Kenntnisse über Medien und Methodik, über Geschichtskultur und unterschiedliche Perspektiven, und langsam wächst eine chronologische Orientierung.

Die Zeitreise

Einführung:
Jüngere Schülerinnen und Schüler genießen es, erzählt zu bekommen. Ähnlich wie die Geschichtserzählung führt die *Zeitreise* eine Lerngrup-pe in eine vergangene Zeit. Die Schülerinnen und Schüler dürfen es sich im Klassenraum „gemütlich" machen, eventuell die Augen schließen und zuhören, wenn vorgelesen oder erzählt wird, wenn eventuell dazu noch leise eine meditative Musik erklingt.

Um deutlich zu machen, dass keine wahre Geschichte vorgelesen oder erzählt wird, kann so begonnen werden:

„Die Geschichte, die ich jetzt vorlese/erzähle, führt uns ins ... Jahrhundert. Sie hat nicht genau so stattgefunden ... Die Personen/die Stadt hat es nicht gegeben ... Die Handlung hat sich so nicht ereignet. Wir wissen aber, dass Menschen in jener Zeit unter solchen und ähnlichen Umständen wohnten und arbeiteten, ... dass Städte dieser Größe so aussahen ... Mit dieser Geschichte lernt ihr ... kennen. Sie/er hat ... " Die Zeitreise könnte auch so beginnen: „Mit der Zeitmaschine reist Du in die Zeit vor ...".

Wenn die Erzählerin/der Erzähler beschließt, der Imagination der Schü-lerinnen und Schüler Raum zu geben, können sie diese auffordern, nun selbst das Geschehen der Zeitreise zu beobachten: „Du gehst auf die Stadt/auf die Burg/die Menschen zu und beobachtest sie. Was siehst du/ hörst du/riechst du? ... Erzähle uns später davon."

Bei der Auswertung der Fantasiereise werden die Schülerinnen und Schüler dazu angehalten, zwischen den möglichen historischen und eher unwahrscheinlichen Elementen in ihrer „Reise" zu unterscheiden.

Weiterführende Arbeit:
Aufwändiger, aber noch eindrucksvoller sind Zeitreisen, die nicht in einem bestimmten Jahrhundert angesiedelt sind, sondern durch die Jahrhunderte führen. Dies gelingt u.a. mit einer Erzählung, die in unserer Gegenwart beginnt und in einem Längsschnitt mit Hilfe von Bildreihen oder Musik in eine zurückliegende Epoche führt. Leider gibt es sie nicht fertig zu kaufen, aber es lohnt sich, sie selbst zu entwerfen.

Der Thementisch

Der *Thementisch* ist ein weiteres bestimmendes Element im arrangierten Raum. Haben Sie keine Bedenken, ein Thementisch könnte Ihnen fremd sein; Sie haben ihn nämlich ganz bestimmt auch zu Hause: Damit ist zum Beispiel eine Ecke auf einem Tisch oder in einem Regal gemeint, wo Sie Materialien ablegen für allgemeine Vorhaben, an denen Sie gerade arbeiten und die Sie darum immer griffbereit und vor Augen haben wollen: zur Vorbereitung eines bestimmten Themas Ihres Unterrichts, zur Planung einer Reise, zur Umgestaltung ihrer Wohnung, zur Anschaffung einer neuen Küche, Vorüberlegungen und Materialien zur Gestaltung des nächsten Familiengeburtstages oder ein Kistchen mit Saatgut und Prospekten für die Frühjahrsbestellung Ihres Gartens.

Darum geht es auch beim *Thementisch* im Klassenraum:
- etwas vor Augen haben,
- an etwas erinnert werden,
- sich wieder einfinden können,
- etwas griffbereit haben,
- zu neuen Gedanken ermutigt werden,
- neben Gedanken auch Hand und Auge beschäftigen zu können.

Und es geht auch darum:
- auf das Schulbuch verzichten zu können,
- aus vielfältigen Materialien auswählen zu können,
- die eigene Herangehensweise bestimmen zu können,
- das Sichten und Auswählen zu üben,
- Arbeitspartner über das ausgelegte Material zu finden,
- einen kommunikativen Ort zu schaffen,
- etwas Gefundenes oder Erarbeitetes für andere zur Einsicht abzulegen.

Was geschieht, wenn sich langsamer arbeitende von schneller arbeitenden Schülerinnen und Schülern bei dieser Gelegenheit Anregungen holen? Dies nennt man hier nicht „Abschreiben", sondern versteht es als willkommenes „Lernen durch wechselseitiges Arbeiten".

Viele Schülerinnen und Schüler, die in unseren historischen Themen Anschaulichkeit vermissen oder Mühe haben, sich nach beendetem Physikunterricht auf historisches Lernen umzustellen, werden für die Einrichtung des Thementisches dankbar sein.

PRAXIS:

Sichern Sie sich ein bis zwei Quadratmeter im Klassenraum, um Materialien zum aktuellen Geschichtsthema hinlegen oder aufhängen zu können. Breiten Sie das Material aus und erklären Sie es. Fordern Sie Schülerinnen und Schüler auf, durch Suche zu Hause, in Bibliotheken und Archiven sowie durch Ansprechen von Vereinen und Institutionen das Material mit eigenen Funden zu ergänzen.

Die folgenden Materialien sollten feste Bestandteile Ihres Thementisches zum jeweils aktuellen Themen sein:

Zum Legen/Stellen:

- ein Jugendlexikon,
- ein Geschichtsatlas,
- ein Globus,
- ein Jugendsachbuch,
- ein Jugendroman,
- ein Geschichtsbuch eines anderen Verlages zum Vergleich mit dem eigenen Geschichtsbuch.

Zum Aufhängen über dem Thementisch ergänzen ihn:

- eine Zeitleiste,
- eine Geschichtskarte,
- eine vergrößerte Bildkopie eines Bildes zum aktuellen Thema,
- eine Zeitcollage,
- ein Plakat mit Schülerfragen,
- ein sich allmählich entwickelndes Plakat mit Schülerarbeiten,
- ein sich allmählich entwickelndes Plakat mit Gegenwartsbezügen, die aus Zeitungen oder Prospekten von Ihnen oder/und der Klasse gesammelt werden,
- erste Ergebnisse von Schülerarbeiten.

Die genannten Bestandteile des Thementisches lassen sich zu fast jedem Thema des Geschichtsunterrichts besorgen und erarbeiten.

Etwas mehr Mühe bereitet das Auslegen von *gegenständlichen Lernmitteln* zum „Begreifen":

- Materialien zum kreativen Gestalten:
- Zeichnungen zum Bemalen oder Beschriften,
- Materialien zum Modellbau,
- Materialien für experimentelle Archäologie,
- Materialien für nachvollziehendes Arbeiten,
- Nachbildungen von Zeugnissen der Vergangenheit zum Anfassen, Ausprobieren, Nachgestalten oder Deuten,
- Zeugnisse der Vergangenheit (Sachquellen), welche die gleichen Funktionen haben wie Nachbildungen, aber zusätzlich noch Geschichte eindrücklich lebendig werden lassen durch ihre Aura: Faustkeil, Münzen, ein Relief, historische Kleidung oder historisches Spielzeug, alte Schulbücher, Feldpostbriefe und vieles mehr.

Sachquellen finden wir bei Freunden, auf Flohmärkten, in alten Sammlungen der Schule, in Archiven oder Heimatmuseen, wenn diese bereit zur Ausleihe sind. Manche Lehrerinnen und Lehrer, die mit dem Thementisch arbeiten, haben nach einigen Jahren schon eigene kleine Sammlungen von Sachquellen und lassen sich nicht mehr von Enttäuschungen entmutigen, dass zu bestimmten Themen keine Objekte zu finden sind.

Der Aufbau eines Thementisches scheint zu Anfang mühselig, wird aber so schnell zur Routine und ist so gewinnbringend im Unterricht, dass Sie und Ihre Klasse bald nicht mehr darauf verzichten werden.

Kleiderkiste

Zum Thementisch gehört die Kleiderkiste. Sammeln Sie auf Flohmärkten alte Kleidung wie Mantel, Hut, Anzug und Dinge wie Handtaschen, einen kleinen Koffer, eine karierte Decke und anderes mehr. Schülerinnen und Schüler sind sehr viel motivierter, szenische Spiele durchzuführen, wenn eine Kleiderkiste oder ein Kleiderkorb im Klassenzimmer steht. Sie wissen bald, dass die im Spiel genutzte Kleidung aus der Kiste nur selten historisch korrekt ist, gebrauchen sie aber dennoch, um sich beim Spiel in „Verkleidung" sicherer zu fühlen. Ich habe erlebt, wie eine karierte alte Decke zum Keltenumhang, zum Indianertuch und auch zum Kleiderbeutel eines Auswanderers wurde.

Geeignete Jugendlexika und Geschichtsübersichten für den Thementisch sind zum Beispiel:

Demandt, Alexander: Kleine Weltgeschichte, München 2003
Drechsler/Hillingen/Neumann(Hrsg.): Gesellschaft und Staat: Lexikon der Politik, Baden-Baden 1980/81
Gerstenbergs visuelle Enzyklopädie, Hildesheim 2003, alles Bildbände: Das visuelle Lexikon (allgemeines Nachschlagewerk). Das visuelle Lexikon der Technik (Ausblicke in die Geschichte des Autos, der Fotografie etc.). Die visuelle Weltgeschichte der Alten Kulturen. Die visuelle Weltgeschichte der Neuzeit.
Gombrich, Ernst H.: Eine kurze Weltgeschichte für junge Leser, Köln 2004 (Klassiker!)
Grant, Neil: Young Oxford, Weltgeschichte, Weinheim und Basel 2000
James,Peter/Thorpe, Nick: Keilschrift, Kompaß, Kaugummi. Eine Enzyklopädie der frühen Erfindungen, München 2004
Mai, Manfred: Deutsche Geschichte, Weinheim und Basel 1999
Mai, Manfred: Weltgeschichte, Weinheim und Basel 2002
Oswalt,Vadim/Rudolf, Hans U.: Taschen-Atlas Weltgeschichte, Gotha, 3. Aufl. 2004

dies.: Taschen-Atlas Deutsche Geschichte, Gotha 2004

Piper, Nikolaus: Geschichte der Wirtschaft. Weinheim und Basel 2002

Pleticha, Heinrich (Hrsg.): Geschichtslexikon. Kompaktwissen für Schüler und junge Erwachsene, Frankfurt/M. 1991

Schülerduden Geschichte – und: Schülerduden Wortgeschichte (Herkunft und Entwicklung des deutschen Wortschatzes), Dudenverlag, Mannheim-Leipzig-Zürich

Zaptcioglu, Dilek: Geschichte des Islam, Frankfurt/M. 2002

Zenner, Christian: Lexikon der Weltgeschichte, München 1990

Sachbücher aus den Reihen „Sehen. Staunen. Wissen" von Gerstenberg. „WAS IST WAS", „Entdeckt und nachgebaut", Das große Buch der...", „Ich war dabei", „So lebten sie" von Tessloff.

„Die Große Bertelsmann-Enzyklopädie des Wissens", „Entdecke deine Welt", „Info-Omnibus" von Bertelsmann.

◆ Tipp: Ich habe zahlreiche dieser Jugendsachbücher auf Flohmärkten gekauft.

4.2 Geschichtserzählung und Oral History

Geschichtserzählung und Oral History sind zwei motivierende Methoden, die der genauen Unterscheidung bedürfen.

Die Geschichtserzählung war eine viel genutzte Form des alten lehrerzentrierten Unterrichts und geriet in den letzten Jahrzehnten wegen ihres unwissenschaftlichen Ansatzes und der Gefahr der Manipulation und der emotionalen Überwältigung der Kinder in Verruf, erlebt aber seit einigen Jahren wieder eine kritische Belebung. Oral History, das Zeitzeugeninterview, fand erst nach 1945 Verbreitung und wurde und wird eingesetzt, um Informationen von Einzelpersonen und Bevölkerungsgruppen zu erhalten, die nur wenig eigene Zeugnisse hinterlassen haben, wie z.B. die Indianer Nordamerikas, wie Frauen oder Verfolgte oder Minderheiten. Weil Zeitzeugen ihren eigenen „Sehepunkt" haben und subjektiv erzählen, und weil Schülerinnen und Schüler der Faszination von erzählter Geschichte oft unkritisch unterliegen, ist auch diese Methode/dieses Medium nicht unproblematisch.

Die Geschichtserzählung

In einer *Geschichtserzählung* wird menschliches Handeln und Leiden durch eine lebendige, personifizierende, dramatisierende und oft detailreiche Schilderung motivierend lebendig.[5] Emotionen werden geweckt, wenn Anteilnahme und Identifikation mit Einzelschicksalen möglich ist. Oft ist Quellenarbeit für Hauptschüler eine Überforderung, sind Sachtexte zu trocken. Dann ist die Geschichtserzählung ein sinnvoller Ersatz. Um die Schülerinnen und Schüler emotional nicht zu überwältigen oder um Manipulationen zu verhindern, ist es nötig, sie darauf hinzuweisen, dass es sich um einen fiktiven Text handelt. Dafür wird die Erzählung ab und an unterbrochen, der exemplarische Charakter der Handlung besprochen, Standpunkte und Handlungsmöglichkeiten werden diskutiert und die Fiktion mit den Kenntnissen zur Vergangenheit verglichen.

◆ Alle Schülerinnen und Schüler lieben Geschichtserzählungen. Lernende an Haupt-, Real- oder Sonderschulen brauchen sie!

PRAXIS zur Umsetzung einer Geschichtserzählung:
• Wiederholung oder Fortsetzung der Geschichtserzählung sowie Umschreibung der Handlung,
• Spiel der Handlung,
• Einzelfiguren in der Ich-Form vorstellen,
• Briefe an die Einzelfiguren schreiben,
• Wechsel des Geschlechts der Einzelfiguren (Sex-Change),
• in eine Reportage umschreiben,
• Herstellung eines Hörspiels/eines Films.

Beispiel für eine Geschichtserzählung und die Möglichkeiten ihrer Bearbeitung:

Leiten Sie die Erzählung, eventuell im Sitzkreis, ein. Beginnen Sie, um die Fiktionalität deutlich zu machen, die Erzählung mit folgenden Sätzen:

Die Geschichte, die ich jetzt erzählen möchte, hat sich nicht genau so zugetragen. Sie hätte aber so ähnlich stattfinden können, denn Karin Gündisch, die sie in ihrem Buch „Das Paradies liegt in Amerika" aufgeschrieben hat, hat für diese Geschichte Archivmaterial, Tagebuchaufzeichnungen oder Lieder genutzt, die in jener Zeit entstanden. Karin Gündisch erzählt von Johann und seiner Familie aus einem kleinen Städtchen in Siebenbürgen.
Johanns Vater ist von einem Anwerber für die Arbeit in einem Stahlwerk in Youngstown in Ohio geworben worden und hat die Familie mit dem Versprechen verlassen, sobald wie möglich Geld zu senden, damit diese nachkommen kann. Eines Tages ist das Geld da und Johann erzählt:

Machen Sie nun eine kleine Pause. Gibt es schon Fragen, Bemerkungen? Stellen Sie einen Globus in den Sitzkreis, um eine räumliche Orientierung zu schaffen. Fahren Sie fort:

Karin Gündisch lässt Johann erzählen: „In diesem Herbst fing Mama mit den Vorbereitungen für die große Reise an. Sie trocknete Apfelschnitze und Zwetschgen und nähte für Regina, Emil und mich und auch für sich selbst Brotbeutel für den Reiseproviant. Dann zerschnitt sie alte Leintücher, säumte sie, kochte sie aus und bügelte sie. Das waren die Windeln für Eliss. Sie brauchte viele für die Reise, denn auf der Eisenbahn und dem Schiff würde es schwierig sein, Windeln zu waschen. Also sorgte Mama vor. Der Großvater hatte von einem Lehrer eine Landkarte geborgt, und abends saßen Mama, Regina und ich vor der Karte und ich fuhr mit dem Finger die Reisestrecke ab. Bald konnte ich die Stationen der Reise durch Österreich-Ungarn, durch das Deutsche Reich und die Vereinigten Staaten von Amerika wie ein Gedicht aufsagen: Hermannstadt, Szolnok, Ratibor, Breslau, Berlin, Bremen, Bremerhaven, New York, Youngstown. Vor dem Einschlafen wiederholte ich die wunderbaren Namen der fremden Städte. Sie klangen wie Zauberworte und ich malte mir eine Menge amerikanischer Abenteuer aus. Eines Tages wollte ich von Youngstown zu den Indianern aufbrechen und Pelztierjäger werden. Den ersten Pelz würde ich Mama schenken, den zweiten Regina, obwohl sie ihn nicht verdiente, den dritten, vierten und alle weiteren Pelze aber würde ich verkaufen. Mit dem Geld wollte ich mir ein großes Grundstück kaufen, eine Stadt darauf bauen und sie nach meinem Großvater nennen... Als das Reisegeld dann wirklich kam, konnten wir es erst gar nicht fassen. Mama war sehr still und die Großeltern ebenfalls schweigsam. Dann gewöhnten wir uns an den Gedanken und Regina begann die Tage bis zur Abfahrt zu zählen und sich von ihren Freundinnen zu verabschieden... Und auch von Misch, der seit einiger Zeit öfter zu uns zu Besuch kam. Mama meinte, er käm wegen Regina. Er wollte auch auswandern, und Regina versprach ihm zu schreiben, wie es in der neuen Welt war und ob es dort Jobs für Dachdecker gab, denn Misch war Lehrling bei einem Dachdeckermeister... Das war im Mai 1902 und ich war damals zehn Jahre alt.“[6]

Hier kann die Geschichtserzählung unterbrochen werden. Die Schülerinnen und Schüler äußern sich, stellen Fragen, klären Zusammenhänge und zeigen einige Orte der geplanten Reiseroute auf dem Globus. Erste Bearbeitungsideen gemäß den oben genannten Vorschlägen und eventuelle auch mit Hilfe der Klasse können angeregt werden, zum Beispiel:
- Schreibt zu zweit die Handlung um: Die Familie erhält keine Nachricht und kein Geld aus Amerika und ist verzweifelt.
- Schreibt zu zweit die Handlung weiter, recherchiert vorher, wie Migranten aus Europa zu den Überseehäfen reisten, wie die Schifffahrt verlief und wie sie in Amerika ankamen. Eure Überschrift: Die Familie macht sich auf den Weg.
- Zeichnet eine Landkarte zur Reiseroute der Familie. Recherchiert, aus welchen Regionen/Ländern besonders viele Menschen ihre Heimat Richtung Amerika verließen und zeichnet auch diese Reiserouten

auf. Kennzeichnet besonders die Flüsse und Hafenstädte, die ange-
reist wurden.

- Spielt in einer Gruppe die möglichen Gespräche der Familie nach.
  Spielt zuerst spontan, schreibt eventuell dann auf und spielt uns euer
  Spiel vor.
- Alleinarbeit: Du bist nicht Johann, sondern Johanna. Schreibe
  ähnlich wie Johann Deine Träume von einem Leben in Amerika auf.
- Gruppenarbeit: Jede Einzelfigur in der Geschichtserzählung stellt
  sich vor, beschreibt Ängste und Hoffnungen. Verteilt die Rollen,
  diskutiert die Einzelvorstellungen, schreibt eventuell Rollenkarten,
  lest sie uns vor.
- Ihr seid Reporter in Johanns Heimatstadt und schreibt zu zweit eine
  Reportage über die geplante Auswanderung von Johanns Familie für
  das Lokalblatt.

Ähnlich können Sie mit weiteren Textstellen aus Gündischs Roman
verfahren. Vielleicht lesen Sie den ganzen Roman im *fächerübergreifenden Unterricht* (vgl. S. 75 f.) mit dem Fach Deutsch. Im Fach Musik
können dann dazu Auswandererlieder aus Amerika gesungen und
analysiert werden.

Oral History

Oral History bedeutet soviel wie „erzählte eigene Geschichte" und be-
inhaltet sowohl die Vorbereitung und Durchführung als auch die
Bearbeitung eines Zeitzeugeninterviews.
Man unterscheidet zwei Formen:

- Im *biografischen Interview oder auch narrativen offenen Interview*
  erzählt ein Zeitzeuge auf Grund weniger offener Fragen seine
  Lebensgeschichte. Dieses Interview findet oft im Klassenraum statt.
- Die zweite Form ist das *thematische Interview*. In diesem Frage-
  Antwort-Interview stellen Schülerinnen und Schüler nach einem
  vorher erdachten Fragenkatalog gezielte Fragen, die direkt beantwortet werden sollen. Dieses Interview findet auch außerhalb des
  Klassenraumes statt, wenn zum Beispiel Schülerinnen und Schüler
  in Familien oder Altenheime sowie auf die Straße gehen, um Fakten
  zu erfragen, zum Beispiel zu einem Thema wie Nachkriegsküche,
  Versorgung, Wohnen, Freizeit oder Vereinsleben.

Beide Formen sind anspruchsvoll, bedürfen präziser Vorbereitung,
sensibler Durchführung und fleißiger Nachbereitung, sowohl von

Lehrenden als auch Lernenden. Es wird aufwändig für Sie sein, den „richtigen" Zeitzeugen zu finden. Es wird schwierig für die Klasse sein, kompetent zu fragen und nicht alles Erzählte unkritisch entgegen zu nehmen. Es wird sehr viel Zeit kosten, das Gehörte zu übertragen oder zu hinterfragen.

Warum Sie dennoch Zeitzeugen befragen sollten?
Weil Ihre Klasse sich wie ein Entdecker fühlen wird, denn diese Begegnung ist einmalig und Geschichte wird authentisch. Weil Schülerinnen und Schüler neugierig sind auf Lebensgeschichte, sich identifizieren oder abgrenzen möchten, weil sie auf der Suche nach Identität an den Erfahrungen anderer Menschen teilnehmen möchten.

PRAXIS für die Durchführung eines biografischen, narrativen Interviews:

• Der Lehrer oder die Lehrerin wählt einen geeigneten Zeitzeugen aus und bereitet ihn auf die Klasse und mögliche Vorgehensweisen und Fragen vor. Eventuell wird ein zweiter Zeitzeuge ausgewählt, um mit einer zweiten „Quelle" einen Vergleich zu gewährleisten.

• Um keine unnötigen Fragen zu stellen und das Erzählte einordnen zu können, ist die Klasse über den historischen Hintergrund, über den der Zeitzeuge berichten wird, informiert.

• Die Klasse übt die Durchführung. Ein Mitglied der Klasse wird gebeten, zu einem der Klasse bekannten zurückliegenden Geschehen, wie zum Beispiel dem Schulbeginn, zu erzählen. Alle erfahren, wie schwierig und subjektiv das Erinnern ist.

• Die Klasse überlegt sich Ziele und Regeln. Weiterhin überlegen die Schülerinnen und Schüler einige wenige Impulse oder Eingangsfragen und besprechen die Art der Durchführung. Der Erzählfluss des Interviewten sollte möglichst nicht gestört werden.

• Wer schreibt mit? Wer nimmt eventuell das Interview auf Kassette oder Film auf? (Erlaubnis einholen).

• Wann ist der Zeitpunkt gekommen, dass zusätzliche Fragen gestellt werden können?

• Nach dem Interview sollte die Klasse sich beim Interviewten mit einem kleinen Geschenk bedanken.

• Die Hörergruppe bespricht ihre Eindrücke und vor allem ihre Emotionen (!) beim Hören des Erzählten.

• Das Erzählte wird wie eine Quelle bearbeitet. Es wird, je nach Kompetenz der Klasse, eventuell transkribiert, es wird auf seinen Wahrheitsgehalt und seine Perspektivität überprüft. Es wird mit Aussagen in Sachtexten oder anderen Interviews verglichen.

Es gibt zentrale Arbeitsformen der kreativen Verarbeitung oder Präsentation: Das Erzählte kann

- in Referaten oder szenischen Spielen umgesetzt werden,
- auf einer Zeitleiste oder Wandzeitung festgehalten werden,
- in einer Ausstellung präsentiert werden (dazu Erlaubnis des Interviewten einholen).

Viele Zeitzeugen freuen sich über einen späteren Brief, in dem sich die Hörergruppe noch einmal bedankt und über ihre Assoziationen oder das Erarbeitete berichtet!

PRAXIS für die Durchführung des thematischen Interviews:

- Ein Thema wird erarbeitet. Gemeinsam wird zum Schluss ein Fragenkatalog dazu erstellt.
- Interview-Orte, Interviewpartner und Hilfsmittel (Block, Tonband, Videokamera) werden vorgeschlagen, diskutiert und festgelegt.
- In kleinen Gruppen üben die Schülerinnen und Schüler das Interview im Klassenraum.
- Sie überarbeiten eventuell den Fragenkatalog.
- Sie erstellen einen Zeitplan und handeln Termine aus.
- Nach den Interviews erfolgt die Transkription/die Zusammenfassung/ der Vergleich und die weitere Bearbeitung wie oben beschrieben.

4.3 Stationenlernen/Lernwerkstatt

Auch das *Stationenlernen* bedeutet, sich vom lehrerzentrierten Unterricht und dem Unterrichten mit dem Schulbuch zu verabschieden. Stationenlernen heißt, dass eine Lerngruppe an mehreren Plätzen im Klassenraum ein aufbereitetes, differenziertes Lernmaterial vorfindet und dieses anhand von Arbeitsaufträgen in freier Wahl und Arbeitszeit bearbeitet. Der Lerngruppe wird dadurch ein abwechslungsreiches, selbstbestimmtes Lernen unabhängig von der Lehrperson angeboten. Als Lehrerin und Lehrer haben Sie umfangreiche Vorbereitungen mit Materialsuche und -aufbereitung sowie mit der Erstellung der unterschiedlichsten Aufgaben, können sich jedoch während der Arbeitszeit der Lerngruppe auf die Aufgabe des Beraters und Beobachters zurückziehen.

Das Stationenlernen wird in der Literatur unterschiedlich benannt, etwa *Lernwerkstatt* oder *Werkstattarbeit*. Stellen Sie sich also Ihre erste Stationenarbeit wie eine Werkstatt oder Baustelle vor. Sie finden dort ein Gerüst aus den vier Trägern A,B,C und D (s. Abb. 5):

Abb. 5: Mindmap: Stationenlernen

71

A. Abfolge:
Einführung – Rundgang – Bearbeitung – Inforunde – Abschlussgespräch.

B. Aufgaben der Lehrenden:
Materialsuche und -aufbereitung, Einführungsgespräch, Organisation, Beobachtung, Beratung, Abschlussgespräch.

C. Differenzierung:
Differenzierung kann in der Auswahl der Themenschwerpunkte erfolgen, in der Materialwahl (auditive, kognitive, visuelle, haptische und spielerische Zugänge), im Schwierigkeitsgrad (inhaltlich und formal), durch den Umfang einzelner Aufgaben und durch die Berücksichtigung der Schülerinteressen. Es gibt Pflichtaufgaben, Wahlpflichtaufgaben, aus denen nur einige bearbeitet werden (zur Vertiefung und Erweiterung) und Zusatzaufgaben für besondere Interessen und Begabungen.

D. Selbstbestimmtes Lernen oder „Das Lernen lernen":
Die Schülerin/der Schüler trifft Entscheidungen für eine Sozialform, für seine Zeiteinteilung (auch mit Erholungspausen), für die Wahl der Reihenfolge (eine Festlegung ist selten, aber manchmal nötig), für die Einbringung eigener Ideen, übt sich in der Selbstkontrolle, erlernt die abschließende Beurteilung.

PRAXIS:

- Berücksichtigen Sie bei Planung und Durchführung die vier Gerüste A, B, C und D.
- Planen Sie genügend Zeit ein, eventuell mehrere Wochen. Doppelstunden sind sinnvoll. Vielleicht gibt es in Ihrer Schule auch einen freien Raum, in dem man die einzelnen Stationen liegen lassen kann.
- Erklären Sie die Stationen, legen Sie Verhaltensregeln (Arbeitsatmosphäre, Umgang mit Materialien, Aufräumen) fest, hängen Sie ein Orientierungsplakat auf und machen Sie mit ihrer Lerngruppe eine „Begehung" der Stationen.
- Schaffen Sie genügend Platz für die einzelnen Stationen sowie für erledigte Schülerarbeiten.
- Halten Sie Laufzettel für jeden bereit und weisen Sie eventuell die erste Station zu.
- Halten Sie die Arbeitsaufträge knapp und leicht verständlich, geben Sie Lösungen zur Selbst- oder Partnerkontrolle und begrenzen Sie die Bearbeitungszeit einer Aufgabe, je nach Anspruch, auf 5-20 Minuten.

- Legen Sie Inforunden ein, besprechen Sie Schwierigkeiten und erste Arbeitsergebnisse, um Missverständnisse auszuschließen und anders begabten Kindern zu helfen.
- Nach der Stationenarbeit werden die Arbeitsergebnisse besprochen, eventuell auch ausgestellt. Bitten Sie die Schülerinnen und Schüler abschließend auch, die von Ihnen gestellten Arbeitsaufgaben und das Material zu beurteilen. Dies gibt Ihnen eine Grundlage für die Nachbereitung und Wiederverwendung der Werkstatt, so dass aus Ihrer ersten „Baustelle" dauerhafte „Bausteine" gewonnen werden können. Kolleginnen und Kollegen können die „Bausteine" nicht immer übernehmen, denn jede Lerngruppe hat andere Anforderungen, werden aber bestimmt für einige „Bausteine" dankbar sein.
- Überprüfen Sie Ihre Materialien und Aufgabenstellungen. Sind Sie eventuell in die „Stationenfalle" geraten? Haben Ihre Schülerinnen und Schüler brav mit den vorgefertigten Materialien gearbeitet, die Sie aufgrund *Ihrer* Fragestellung zusammengestellt haben? Überprüfen Sie darum, ob die Stationen so gestaltet waren, dass für eigenständiges Fragen und Problematisieren durch Schülerinnen und Schüler genug Zeit und Materialien zur Verfügung standen und die Arbeits- und Sozialform dies zuließen.

◆ Merke: Stationenarbeit ist nicht Motivationsinstrument und nicht Ersatz für einen lehrerzentrierten Unterricht durch eine lehrergeplante „Laufrallye". Sie muss eine gute Auswahl von Herausforderungen treffen und Spielraum für vielfältiges gemeinsames Nachdenken und Erarbeiten bieten.

Beispiel für die Durchführung einer kleinen Stationenarbeit zum Thema: Kolumbus landet auf Guanahani (Zeichnung, Frankfurt 1594). Die Schülerinnen und Schüler bearbeiten das Bild wie im Kapitel „Annäherung an ein Bild" (S. 35) vorgeschlagen. Erklären Sie nun, dass das Bild, wie wir heute wissen, wohl erst 100 Jahre nach der Entdeckung Amerikas entstanden ist. Ermutigen Sie die Schülerinnen und Schüler zu Fragen über die Vorstellungswelt und Absicht des Künstlers sowie über die Möglichkeit, die „Entdeckung Amerikas" aus ganz anderen Perspektiven darzustellen. Beginnen Sie nun mit der Stationenarbeit.

Station 1: Auseinandersetzung mit der Bildquelle: Kolumbus geht zum ersten Mal an Land und wird von den Eingeborenen freundlich empfangen und beschenkt. Die Schülerinnen und Schüler erhalten den Auftrag, diese Darstellung in ein Standbild umzusetzen. In ein zweites oder auch drittes Standbild setzen sie die Begegnung der Eroberer mit

den Eingeborenen nun aus einer anderen Perspektive um, zum Beispiel der der Entdeckten. Die Gruppe bedenkt und probiert alternative Möglichkeiten der Begegnung und der Quellendarstellung und entwickelt eine kritische Mediensicht.
Gruppenarbeit für 4-5 Personen. Material: Kopie einer Bildquelle, Kleiderkiste.

Station 2: Auseinandersetzung mit der Zeit: Die Schülerinnen und Schüler erstellen eine Zeitleiste zur Neuzeit. Sie überlegen, mit welchem Jahr, welchen Ereignissen und Erfindungen sowie Entdeckungen die Neuzeit beginnt. Gruppenarbeit für 3-4 Personen. Material: Vom Lehrer vorbereitete Textabschnitte und Bilder zum Ausschneiden, Tapetenrolle, Stifte, Klebstoff.

Station 3: Auseinandersetzung mit multiperspektivischen Textquellen: Die Schülerinnen und Schüler lesen und beurteilen zwei gegensätzliche Darstellungen oder Beurteilungen zur Eroberung Amerikas durch die Spanier. Partnerarbeit. Material: Quellen aus unterschiedlichen Perspektiven zum gleichen Sachverhalt.

Station 4: Auseinandersetzung mit dem historischen Raum sowie mit den Raumvorstellungen. Die Schülerinnen und Schüler gestalten ein Diorama (= kleine Welt im Schuhkarton) zur „Besitznahme des Landes durch die Spanier". Material: Pappschachtel, Spielfiguren (Playmobil o.Ä. von Schülern ausborgen), Farbe, Pinsel, Schere, Kleber, Papier.

Station 5: Auseinandersetzung mit Basiswissen/Vorbereitung der weiteren Arbeit am Thema. Die Schülerinnen und Schüler erhalten die Aufgabe aufzuschreiben, was sie zum weiteren Fortgang der Auseinandersetzung Eroberer/Eroberte bereits wissen und was sie noch wissen möchten. Einzelarbeit. Material: Blatt mit Aufgabe. Tapetenrolle oder Plakate.

Station 6: Nur wenn PC mit Internetzugang vorhanden: Internetrecherche zum Themenschwerpunkt.

Ein Schülerzitat zum Schluss: Ein Lehrer bat zum Abschluss der ersten und sehr erfolgreichen Stationenarbeit in einer neunten Klasse um Kritik und war überrascht über diesen Satz:

„Irgendwie ging alles viel besser. Ich durfte mich bewegen."

In der Zeit des Laufenlernens entwickeln Kleinkinder ihre Sprache. Manche Menschen gehen beim intensiven Nachdenken viele „Runden" durch ihr Arbeitszimmer. Aber viele Schulen verlangen von ihren Schülerinnen und Schüler immer noch das stille Sitzen!

4.4 Fächerverbindendes Lernen arrangieren: Historisches Lernen im fächerverbindenden Unterricht

Ziele:
Sie sollten, wann immer möglich, das Fach Geschichte mit einem weiteren Fachaspekt verbinden. Dies ist manchmal mit Ihren anderen Fächern möglich, eventuell aber öfter durch Arrangements mit Kolleginnen und Kollegen/Verbündeten. Fächerverbindendes Lernen hilft, aus den Randstunden und dem 45-Minuten-Takt heraus zu kommen, Unterrichtszeit hinzuzugewinnen und mit Kolleginnen und Kollegen Ideen auszutauschen sowie Materialien vorzubereiten. Im 45-Minuten-Takt bleibt oft nur die Organisation eines – anstrengenden – lehrerzentrierten Unterrichts. Stehen der Lerngruppe jedoch Doppelstunden, Tagespläne, Projekttage u.a.m. zur Verfügung, öffnen sich Chancen für handlungsorientiertes oder Entdeckendes Lernen und lohnen sich umfangreichere Lernarrangements sowie Präsentationen. Die Schülerinnen und Schüler lernen dadurch motivierter sowie selbständiger und erhalten Einblick in Zusammenhänge, die ihnen durch die in unseren Schulen übliche Aufgliederung in Fächer in der Regel vorenthalten werden.

Organisation/Arbeitsformen:
Fächerverbindendes Lernen kann im herkömmlichen Unterricht, besonders jedoch mit Hilfe von Tages- oder Wochenplänen organisiert werden oder in Projekten, für die eventuell von der Schulorganisation ein ganzer Tag oder eine Woche zur Verfügung gestellt werden. In den Tages- und Wochenplänen erhalten die Schülerinnen und Schüler offene, differenzierte und anregende Aufgaben, die es ihnen ermöglichen, sich Arbeitstempo, Arbeitsform und Arbeitspartner zu wählen und den Überblick über das Tages- oder Wochenpensum zu behalten. Auch die verschiedenen Lehrpersonen, die die Lerngruppe betreuen, behalten mit Hilfe der Pläne den Überblick. Aber Vorsicht: Tages- und Wochenpläne müssen behutsam eingeführt werden, besonders dann, wenn Ihre Lerngruppe das freie Arbeiten noch nicht gewöhnt ist. Beginnen Sie mit kurzen Tagesplänen und erweitern Sie nach und nach den Umfang der Pläne.

An Projekttagen oder in Projektwochen sollten je nach Selbständigkeit der Projektgruppen die Arbeitsorganisation und Materialbeschaffung teilweise oder ganz den Schülerinnen und Schülern überlassen werden, sobald sie an eigene Arbeitsorganisation gewöhnt sind und über ein Handlungsspektrum verfügen.

Ideenblatt für einen Wochenplan:

Unser Thema ist „XY". Wir wollen herausfinden, warum ... wann ... wie ... was...?

- Suche in/bei... nach Materialien für unseren Thementisch. Stell uns das Material vor. Gemeinsam wollen wir überlegen, ob wir es zur Beantwortung unserer Frage/unseres Themas nutzen können.
- Welches Wissen haben die Menschen zu unserem Thema? Führt zu zweit eine Befragung in der Schule/im Ort/im... durch.
- Sammelt mögliche Interviewfragen für unsere Zeitzeugen. Wir werden sie gemeinsam besprechen und geeignete Fragen auswählen/uns für eine Form des Interviews entscheiden.
- Informiere Dich in den Büchern des Thementisches/unserer Bibliothek über...
- Partnerarbeit: Verfasst einen Text/eine Rollenkarte/einen Aufruf/ein Spiel/ein Referat/ein... Gestaltet ein Plakat/eine Zeitrolle/eine Zeitkollage. Macht Fotos zu unserem Thema/dem Teilthema...
- Stell dir vor, du bist.... Gemeinsam mit einer Partnerin/einem Partner schreibst du einen Brief/eine Petition/einen Verfassungsentwurf/ eine Gedenkrede/eine Reportage...
- Gestalte Deine Materialien/gestaltet eure Arbeitsergebnisse so, dass wir sie präsentieren können. Überlegt euch, wie wir die Präsentation gestalten können.

usw.

PRAXIS:

Planen Sie schon zu Anfang des Schuljahres mit Hilfe der Stoffverteilungspläne der jeweiligen Schuljahre die Einbindung anderer Fachaspekte und die Absprache mit Kolleginnen und Kollegen. Bei vielen Themen kann das Fach Geschichte von den Kompetenzen der jeweils anderen Fachlehrer profitieren (s. Abb. 6).

Manchmal werden aber auch Themen außerhalb des Geschichtsunterrichts behandelt, die vernünftigerweise von den Kompetenzen des Faches Geschichte profitieren sollten. Das Thema Holocaust wird zum Beispiel in vielen Schulen in Religion/Ethik und in Deutsch mit Hilfe einer Klassenlektüre behandelt, mit bedenklichen Folgen. Den Schülerinnen und Schülern fehlt häufig historisches Hintergrundwissen, und so bleiben Angst und Überdruss als Ergebnis einer fragmentarischen Erarbeitung in unterschiedlichen Schulstufen und verschiedenen Einzelfächern übrig. Hier ist unbedingt Absprache und fächerverbindendes Arbeiten nötig!

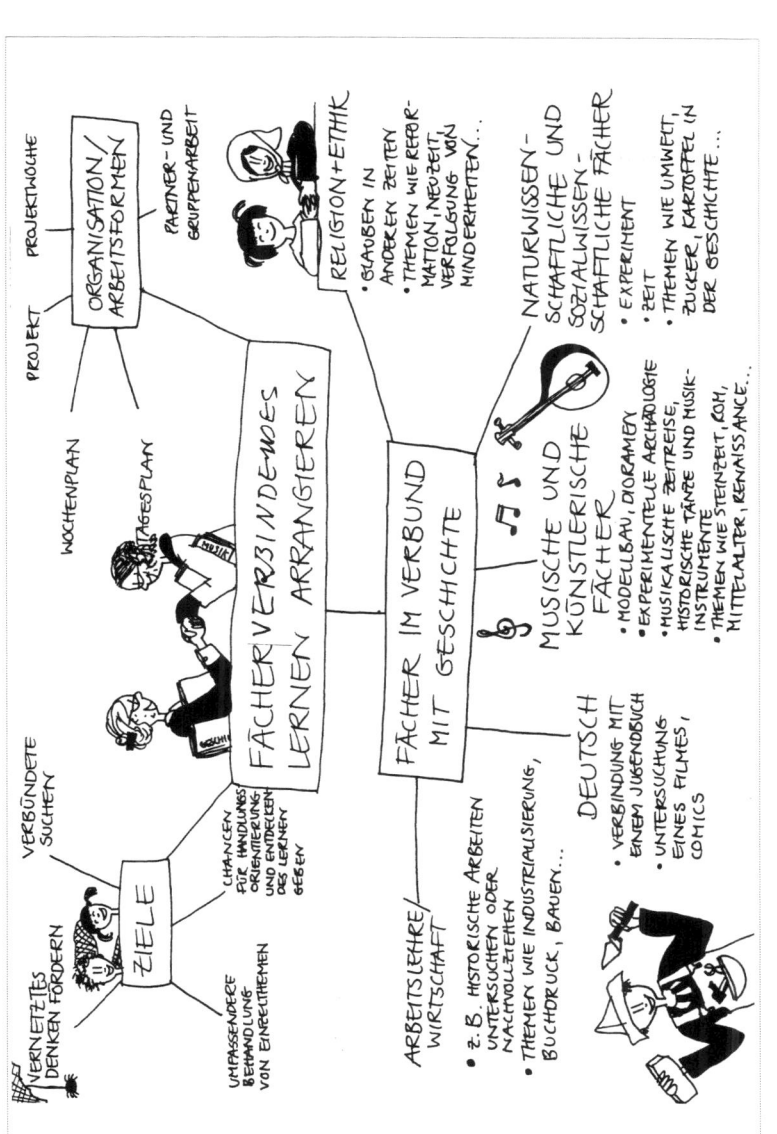

Abb. 6: Mindmap: Fächerübergreifendes Lernen

◆Merksatz: Fächerübergreifende Arrangements mit „Verbündeten" einzugehen heißt, vernetztes Denken zu fördern und Wege für handlungsorientiertes und entdeckendes Lernen zu öffnen.

Zusammenarbeit mit dem Fach Deutsch:
Suchen Sie früh genug mit Hilfe Ihres Buchhandels oder der Schüler- sowie Stadtbibliothek eine passende Klassenlektüre zu einem histori- schen Zeitraum aus. Es liegen unzählige und sehr gute Jugendbücher vor zur Steinzeit, zu den Kelten, Römern (hier auch Comics nutzen!), zu Rittern, zur Französischen Revolution, zur Migration, zur Weimarer Republik, zum Nationalsozialismus und der Nachkriegszeit. Im Deutsch- unterricht wird die Lektüre gelesen, im Fach Geschichte der historische Hintergrund erarbeitet. Diese Arbeitsteilung ist auch bei einer eventu- ellen Erstellung eines Manuskriptes für ein Hörspiel oder einen Film[7] sinnvoll.

Zusammenstellung einer kleinen Klassenbibliothek in Verbindung mit den Fächern Deutsch, Kunst und Musik:

Akademie für Lehrerfortbildung Dillingen und Deutsche Akademie für Kinder- und Jugendbuchliteratur e.V. (Hrsg.): Lesebuch Geschichte. Texte aus Jugendbüchern für den fächerübergreifenden Unterricht und: Lehrerhandbuch Lesebuch Geschichte. Didaktisch-methodische Analy- sen, Unterrichtsmodelle und kommentierte Bücherlisten (mit Textaus- zügen), Berlin 1996

Zur Ur- und Frühgeschichte: G. Beyerlein erzählt vom Gletschermann, Hamburg 1995

Zur Antike: H. Winterfeld, Caius ist ein Dummkopf, München 1998

Zum Mittelalter: Gabriele Beyerlein erzählt vom Mittelalter, Hamburg 1997
A. Zitelmann, Unter Gauklern, Weinheim und Basel 1978

Dreißigjähriger Krieg: G. Bentele, Wolfsjahre, Stuttgart 1997

Neuzeit: I. Möller: Ein Schmetterling aus Surinam, Weinheim und Basel 1995. D. Kühn, Clara Schumann, Klavier. Frankfurt/M. 1999

Indianer: K. Recheis, Bevor die Büffel starben. Würzburg 1997

Industrialisierung: K.Grütter/ A.Ryter, Stärker als ihr denkt. Aarau 1989

Migration: K. Gündisch: Das Paradies liegt in Amerika. Weinheim und Basel 2000, M. Smith: Boston! Boston! München 1999

Erster Weltkrieg: P. Frank: Der Junge, der seinen Geburtstag vergaß. Ravens- burg 1979

Weimarer Republik: K. Kordon: Die roten Matrosen, Weinheim und Basel 1998

Nationalsozialismus/Widerstand: K. Schubert. Fluchtweg Eifel, München 1995. H.Vinke, Das kurze Leben der Sophie Scholl. Ravensburg 1987 Holocaust: Karlijn Stoffels, Mojsche und Rejsele, Weinheim und Basel 1998. P. Härtling, Krücke. Weinheim und Basel 1994

Nachkriegszeit: K. Kordon, Krokodil im Nacken. Weinheim und Basel 2003[8]

In Lerngruppen mit älteren Schülerinnen und Schülern empfiehlt sich auch der Einsatz von Spielfilmen, deren Inhalt mit dem Schulwissen verglichen und deren Inhalt sowie Wirkung unter medienkritischen Gesichtspunkten analysiert wird.

Aber: Wie auch bei der Geschichtserzählung oder dem Zeitzeugeninterview besteht bei Spielfilmen die Gefahr der emotionalen Überwältigung. Aus diesem Grund und aus Zeitgründen zeigen Geschichtslehrer ergänzend zu einer Unterrichtseinheit oft nur Dokumentarfilme oder Spielfilmausschnitte. Aber gerade Haupt- und Realschüler brauchen gute und sorgfältig besprochene Spielfilme wegen der Anschaulichkeit der Filme und wegen des hohen Medienkonsums der Kinder, auf den die Schule reagieren muss.

Und: Auch ein Dokumentarfilm kann die Vergangenheit nicht abbilden, er suggeriert es aber, dass er dies könne.

Im fächerverbindenden Unterricht bekommt die Lerngruppe den Zeitrahmen, der nötig ist, einen Spielfilm in seiner ganzen Länge zu sehen und neben dem *Filmerlebnis* erste Erfahrungen in der *Filmanalyse* zu machen, am sinnvollsten in der Beachtung

- des geschichtlichen Kontextes,
- der Musik,
- der Farben,
- der Kameraeinstellungen,
- der Möglichkeiten zur Identifikation.

Beispiel für eine medienkritische Betrachtung aus dem inhaltsorientierten Ansatz:

Der Antikriegsfilm „Peppermint Frieden" von Marianne S.W. Rosenbaum (1982)[9] beschreibt die Geschehnisse in einem bayerischen Dorf in der Nachkriegszeit. Es ist das große Verdienst des Filmes, dass er die umwälzenden Veränderungen konsequent aus der subjektiven Sicht der Kinder wiedergibt: die Besetzung durch die US-Armee, die schnelle, heimliche Vernichtung von Nazi-Schulbüchern und das Nicht-Verstehen-Können der Kinder, die Entnazifizierung, das „Frollein-Wunder" oder die Angst vor dem Bolschewismus, die sich Kinder ganz konkret in der Gestalt eines Mannes vorstellen: („Der Iwan steht hinter dem Berg": Kinderausspruch).

Dieser Film kann schon vor der Behandlung des Themas „Nachkriegszeit" gesehen werden um auf das Thema einzustimmen. Nach der Besprechung empfiehlt sich eine arbeitsteilige Gruppenarbeit zum Leben in den einzelnen Besatzungszonen und ein Vergleich mit den Aussagen des Films. Eine lokale Recherche vor Ort mit Zeitzeugenin-

terviews und einer Ausstellung zum Thema schließen das Unterrichts-
projekt ab (vgl. dazu auch S. 92 ff.).

Beispiel für eine erste medienkritische Beachtung aus dem lebenswelt-
lich-erfahrungsorientierten Ansatz:

Schülerinnen und Schüler identifizieren sich gern mit der Handlungs-
trägerin/dem Handlungsträger eines Spielfilmes. Sie würden sie/ihn
eventuell gern selbst darstellen oder die historische Person sein. Darum
können Lernende gut motiviert werden, sich Gedanken darüber zu
machen, welches Profil diese/dieser haben sollte. Nutzen Sie dieses
Interesse. Ihre Lerngruppe kann die Abbildungen von Personen aus der
Geschichte in Arbeitsmaterialien der Schule mit dem Profil vergleichen,
das der Regisseur der Handlungsträgerin/dem Handlungsträger gegeben hat. Viele von uns waren zum Beispiel über die Darstellung der
Lutherfigur im wenig gelungenen Film „Luther" von Eric Till von 2003
überrascht. Hat eine Lerngruppe in der siebenten oder achten Klasse das
Thema Reformation beendet, werden die Schülerinnen und Schüler
eine Vorstellung von Luther bekommen haben. Zusätzlich konfrontie-
ren Sie die Lerngruppe mit weiteren Bildern, zur damaligen Zeit oft
Propagandamaterial, aus Schulbüchern mit dem Ziel, die auch im Film
gestellte Frage zu diskutieren: „Luther, Erneuerer oder Zerstörer?"

Abb. 7: Luther, Erneuerer oder Zerstörer?
a) Luthers Thesenanschlag (nach einer Zeichnung aus dem 16. Jh.)
b) Luther mit 37 Jahren (Kupferstich 1520)

c) Karikatur Luthers von Erhard Schön, 1521

Nach Besprechung der Bilder sollten die Schülerinnen und Schüler ihre Vorstellungen von Luther diskutieren und in der Rolle eines Regieassistenten ihren Wunschkandidaten für einen Luther-Film beschreiben, eventuell sogar aus der Klassengemeinschaft aussuchen. Abschließend wird der Spielfilm „Luther" gesehen, sein Inhalt erzählt und die Darstellung Luthers diskutiert.

Aus den zahlreichen Filmkritiken können anschließend in einer Internetrecherche neue Anregungen entnommen und ergänzend zur Diskussion genutzt werden.

Diese erste Medienanalyse können Sie zu jedem Spielfilm anwenden. Sie macht Schülerinnen und Schüler ein wenig aufmerksamer für die manipulativen Aspekte eines Spielfilmes, die besonders in den Identifikationsmöglichkeiten deutlich werden. Sie macht sie aufmerksamer für Geschichtsmythen, die so oft an Personen festgemacht werden (hier: Luthers Thesen-Anschlag, Wormser Formel, Auseinandersetzung mit dem Teufel).

Informationen zu nicht-kommerziellen Spielfilmanbietern:

www.bjf.info/bjf/clubfilmothek.htm: Der Filmkatalog des Bundesverbandes Jugend und Film gibt kurze Inhaltsangaben und Empfehlungen zu Spielfilmen.

www.fwu.de: Das Institut für Film und Bild in Wissenschaft und Unterricht gibt unter dem Stichwort „Geschichte" einen Überblick über Filme für den Schulgebrauch, die Sie online bestellen können.

www.kinofenster.de: Kinofenster.de ist eine Online-Publikation der Bundeszentrale für politische Bildung. Hier werden ausgewählte Spielfilme ausführlich beschrieben und mit Hintergründen und Porträts ergänzt. Zu einigen Filmen gibt es seit 2004 Filmhefte, auch zum Film „Luther".

www.lernort-kino.de: Das Projekt einzelner Ministerien für Schulen, Landesfilmstellen, Filmstiftungen und der Bundeszentrale für politische Bildung ermöglicht einen Kinobesuch zu einzelnen, nach Lehrplänen ausgesuchten Spielfilmen. Zu den gewählten Filmen gibt es Informationshefte. Die Filmauswahl zu Filmen mit geschichtlichem Hintergrund beschränkt sich hauptsächlich auf die Kriegs- und Nachkriegszeit.

www.muk-hessen.de: Das Institut, aus dem Landesfilmdienst Hessen hervorgegangen, verleiht Medien für die außerschulische und schulische Bildungsarbeit, berät und entwickelt Programme zur Medienpädagogik.

Eine Auswahl von Spielfilmen und Zeichentrickfilmen mit historischem Hintergrund:

Alexander der Große, Cleopatra, Asterix und Obelix, Nero, Ben Hur, Hannibal, Die Normannen, Erik der Wikinger, Robin Hood, Jeanne d'Arc, Braveheart, Der Graf von Monte Christo, Die 3 Musketiere, Der Mann mit der eisernen Maske, Winnetou, Der mit dem Wolf tanzt, Luther, Vom Winde verweht, Gangs of New York, Napoleon, Sissi, Im Westen nichts Neues, Stalingrad, Pearl Harbour, Schindlers Liste, Das Tagebuch der Anne Frank, Das Leben ist schön, Sophie Scholl, Der Untergang, Peppermint Frieden, Ghandi, Der Tunnel, Forrest Gump, Good bye Lenin usw...

Zusammenarbeit mit den Fächern Kunst/Werken/Gestalten/Musik:[10]

In Verbindung mit diesen Fächern können wir handlungsorientiert arbeiten und Entdeckendes Lernen ermöglichen. Die Schülerinnen und Schüler können historische Zeitmesser, Leuchtinstrumente, Siegel u.a.m. herstellen. Sie können Modelle erarbeiten, zum Beispiel zu den Pyramiden, zum Limes, zu Burgen, zu Schiffen oder zu Wasserrädern. Sie können Skizzen anfertigen, zum Beispiel zu römischen Wasserleitungen, zu Stadtgrundrissen, zur Entwicklung der Perspektive, zu Weltvorstellungen in Karten unterschiedlicher Jahrhunderte, zu Machtbereichen, zu technischen Erfindungen. Bekleidung kann entworfen und genäht sowie eine historische Modenschau mit passender Musik präsentiert werden. Eine musikalische Zeitreise ist mit Hilfe des Musiklehrers fast ein Kinderspiel! Die Hilfe der Fächer Kunst und Musik lernte ich in einem Mittelalterprojekt schätzen: Jeden Freitag hatten die siebenten Klassen Projekttag. Der Musiklehrer baute mit den Schülerinnen und Schülern ein historisches Blasinstrument und übte mit ihnen einen mittelalterlichen Tanz ein. Die Kunstlehrerin baute mit einer zweiten Gruppe das Modell einer Burg, während andere aus Sandstein kleine Steinquader klopften (mit Schutzbrille), um nach einer Zeichnung von David Macaulay[11] das Modell einer Mauer zu errichten.

Musik können Sie aktiv und rezeptiv einsetzen. Die Schülerinnen und Schüler konsumieren nur, wenn sie zu einer „Lernwerkstatt Mittelalter" eine Hintergrundmusik oder bei einer Bildbearbeitung zu einem Bild aus der Weimarer Republik Charleston-Musik hören. Sie können jedoch auch das Gehörte bearbeiten, wenn sie die Wirkung auf sich oder auf die Menschen der damaligen Zeit besprechen:

• Stimmte die Musik aktiv oder passiv, friedlich oder kriegerisch, traurig oder optimistisch? Welche Absicht steckte hinter der Musik: Sollte sie beruhigen oder aufrütteln, trennen oder ein Gemeinschaftsgefühl entwickeln?
• Welchen Anspruch habe ich an Musik? Wann und zu welchem Zweck höre ich Musik? Wann konnten Menschen früher Musik hören und in welchem Zusammenhang?

Wenn eine Abschlussklasse das 19./20. Jahrhundert bearbeitet, können Sie diese Arbeit mit Musik unterstützen. Wie wirkte die wilhelminische Marschmusik und später dann der Charleston der Zwanziger Jahre sowie die Propaganda-Musik des Nationalsozialismus damals wohl auf die Menschen/wie beeinflusste sie ihr Denken und Handeln?

Zusammenarbeit mit naturwissenschaftlichen Fächern:
Gemeinsamkeiten mit Biologie, Physik oder Chemie ergeben sich zum Beispiel aus umwelthistorischen[12] Themen:
• der Schwarze Tod/Flöhe machen Geschichte;[13]
• die Kartoffel hat Geschichte/Zucker hat Geschichte;[14]
• Wasser: Spurensuche am Fluss, am Badesee, zur Trinkwasserversorgung;
• Justus Liebig und seine Bedeutung für das Leben der Menschen.[15]
Wollen Sie zum Beispiel den Nahrungs- und Nährstoffmangel im Zusammenhang mit Justus Liebigs Erfindungen thematisieren (Kunstdünger, Infusion, Babynahrung), wird die Unterstützung des Chemielehrers hilfreich sein. Vielleicht motiviert er die Klasse mit einem von Liebigs berühmten Knallexperimenten!

*Zusammenarbeit mit den Fächern Arbeitslehre/Wirtschaft/Inform*atik:
Hier kann man historische Arbeitsvorgänge nachvollziehen, zum Beispiel in der mittelalterlichen Landwirtschaft sowie bei mittelalterlichen Bauten (vgl. Anm.11) oder in den ersten Druckereien der Neuzeit. Das

Thema Kinderarbeit[16] früher und heute kann umfassend behandelt und eventuell zu einem Projekt ausgeweitet werden. Die Industrielle Revolution kann mit Industrialisierungsprozessen heute, zum Beispiel in China, verglichen werden.[17]

Mit der Unterstützung des Faches Informatik können Arbeitsergebnisse der Klassen ins Internet gestellt oder auf einer CD-Rom gesammelt werden. Für Präsentationen von Arbeitsergebnissen vor Publikum, auch in der Abschlussarbeit für den Sekundarabschluss (vgl. S. 120 ff.) bietet sich die PowerPoint-Präsentation an. Bitten Sie auch hier, wenn nötig, um Hilfe des Informatiklehrers.

Zusammenarbeit mit den Fächern Religion/Ethik:
Treffen Sie Absprachen über die Behandlung der Reformation oder der religiös motivierten Kriege, damit die beteiligten Lehrenden diese Themen nicht einzeln „ankratzen" und ihre Schülergemeinschaft sich langweilt, sondern eine umfassende Bearbeitung stattfinden kann oder Sie als fachfremd Unterrichtender ein Thema auch mal abgeben können (vgl. zur Reformation die Zusammenarbeit mit Deutsch im Rahmen der Filmanalyse S. 79 ff.).

In Zusammenarbeit mit Ethik, Deutsch und Musik können Sie Vorstellungen zu Liebe und Ehe[18] bearbeiten oder Gedichte, Lieder und Reden zur Geschlechtererziehung untersuchen lassen.

Zusammenarbeit mit Fremdsprachen:
Bitten Sie um Unterstützung, wenn Sie eine wichtige Quelle, zum Beispiel ein Lied, eine Proklamation oder einen Auszug aus einer Verfassung in der Originalsprache bearbeiten lassen möchten.

In einer Realschulklasse mit guten Englischkenntnissen können Sie einen zweisprachigen Unterrichtsfilm zeigen, zum Beispiel zur Geschichte Amerikas oder zur Industrialisierung in England.[19]

Verbund mehrerer Fächer:
An Projekttagen oder in Projektwochen sind alle Fächer aufgehoben. Manche Schulen haben in ihrer Planung einen festen Tag in der Woche oder einige Tage im Jahr, an welchem projektorientiert gearbeitet wird. Historische Themen sind häufig „die Renner" an diesen Tagen.

Beispiel für die Durchführung einer fächerverbindenden Einheit/eines Projektes zum Thema „Wie die Jeans nach Amerika kam":

Auf Seite 45 f. wird darauf hingewiesen, dass sich alle Gegenwartsfragen als Einstiege in ein Thema eignen und zu historischen Nachfragen provozieren.

Migration ist ein Thema, das unser aller Leben beeinflusst. Kleidung ist ein Thema, das besonders Jugendliche interessiert. Man kann sehr gut diese beiden Themen verbinden, wenn man in einem fächerübergreifenden Unterricht zur Migration Deutscher nach Amerika arbeitet und dieses am Beispiel des Levis-Entwicklers Löb Strauß festmacht.

Löb Strauss, in Amerika nannte er sich später Levi, der der Jeans „Levi's" seinen Namen gab und zu ihrer Entwicklung wesentlich beitrug, wurde 1829 in Buttenheim bei Nürnberg geboren. Sein Vater war Wandergewerbetreibender und handelte mit Tuchen und Kurzwaren. Zwei ältere Brüder Löbs waren aus wirtschaftlichen Gründen bereits nach Amerika ausgewandert. Als der Vater 1846 starb, verarmte die Familie, und die Mutter und jüngeren Geschwister entschlossen sich ebenfalls zur Auswanderung. Die Familie Levi war jüdischen Glaubens, vielleicht spielten auch Repressionen oder Einschränkungen der Bewegungsfreiheit eine Rolle beim Entschluss zur Auswanderung.

Vom 17. Jahrhundert bis heute wanderten Millionen von Deutschen – zwischen 1816 und 1914 waren es genau 5,5 Millionen – aus religiösen, weltanschaulichen, besonders aber aus sozialökonomischen Gründen in die Vereinigten Staaten aus.

Im 18. Jahrhundert ließen sich 50 bis 75 % aller Amerikaauswanderer die Überfahrt von einem „Bürgen" bezahlen und arbeiteten ihre Schulden ohne Lohn als Handwerker, Mägde oder Landarbeiter jahrelang ab. Andere, besonders aus dem bäuerlichen Bereich, zogen auf gefährlichen Wegen weiter und lebten unter primitivsten Bedingungen zunächst von der Jagd, später vom Ackerbau.

Löb/Levi hatte Glück, dass er bei seinen bereits emigrierten Brüdern Hilfe fand. Er organisierte zunächst in New York erfolgreich einen Handel mit

Stoffen und Kurzwaren und reiste, als er vom „Goldfieber" hörte, nach Westen. Dort verkaufte er den Goldgräbern und Siedlern alles, was sie zum täglichen Leben brauchten. Ein Schneider, Jacob Davis, bat ihn eines Tages, ihm bei der Herstellung und Patentierung besonders strapazierfähiger Hosen zu helfen. Davis und Strauss entwickelten eine Vorform der heutigen Jeans: fester Baumwollstoff, Denim, genäht mit festen gelben oder orangefarbenen Garnen, verstärkt an besonders bela-

Abb. 8: Löb (Levi) Strauss, 1829-1902 (Levi-Strauss-Museum Buttenheim)

steten Stellen durch Metallnieten, versehen mit einer Uhrentasche, Knöpfen für Hosenträger und einem Riegel zur Verstellung des Hosenbundes. Jacob Davis und Levi Strauss nannten diese Hose vorerst „Waist Overall", ließen sie patentieren und wurden bald zu reichen und anerkannten Unternehmern. Nicht wenigen europäischen Amerikaauswanderern gelang dieser „amerikanische Traum". Andere, von denen heute keiner mehr spricht, kehrten enttäuscht, krank und arm in ihre Heimat zurück oder scheiterten in Amerika.

Leider sind über die Migrationserfahrungen der beiden Erfinder keine Dokumente erhalten geblieben. Das Geschäftshaus von Levi Strauss brannte 1906, vier Jahre nach seinem Tod, bei dem Erdbeben in San Francisco ab.

Mögliche Unterrichtsdurchführung:

Die Fächer Deutsch, Geschichte/Gesellschaftslehre, Arbeitslehre/Wirtschaft sowie Kunst/Werken können eingebunden werden.

- In Geschichte/Gesellschaftslehre wird der historische Hintergrund zur Migration Deutscher nach Amerika erarbeitet. Schön wäre es hierbei, wenn im örtlichen Archiv eine Spurensuche durchgeführt werden könnte um festzustellen, ob es auch Amerikawanderer im Schulort gab. Somit erkennen die Schülerinnen und Schüler, dass Globalgeschichte immer auch Regionalgeschichte ist. Eine Internetrecherche kann den Schülerinnen und Schülern dann Auskunft über Löb Strauss geben.[20]
- Im Fach Deutsch wird ein Jugendbuch gelesen oder zu einer Geschichtserzählung gearbeitet (vgl. S. 68 ff.).[21]
- In Arbeitslehre/Wirtschaft werden Überlegungen zur Produktion der Jeans damals und heute angestellt und Recherchen durchgeführt: Material, Herkunft des Materials, Materialbeschaffung, Gründung und Leitung einer fiktiven Company.
- In Kunst/Werken werden Hosenmodelle und Werbungen dazu für das 19. Jahrhundert und für heute entworfen.
- In Musik werden Auswandererlieder gesungen und analysiert.[22]
- Zum Ende der Erarbeitung wird eine Ausstellung zusammengestellt.

Ziele der Unterrichtseinheit:

- Die Fähigkeit zum Fremdverstehen soll gefördert werden.
- Die Zusammenhänge zwischen Regionalgeschichte und Globalgeschichte sollen erkannt werden.
- Die Schülerinnen und Schüler sollen zu Ursachen und Verlauf von Migration nach Deutschland heute forschen.
- Die Unterrichtseinheit soll Schülerinnen und Schülern zeigen, dass auch Deutsche einmal gezwungen waren, ihr Land zu verlassen.

Ursachen und Verlauf der Amerikawanderung sollen selbständig mit Hilfe des Thementisches, einer Internetrecherche und durch Archivarbeit erarbeitet und mit heutigen Migrationbewegungen verglichen werden.

• Migration soll als ein verbindendes Schicksal eines großen Teiles der Weltbevölkerung jetzt und in der Geschichte begriffen werden.

• Am Beispiel von Levi Strauss soll erkannt werden, dass Einwanderung neue Ideen schaffen kann.

• Arbeitsprozesse damals und heute sollen verglichen und nachvollzogen werden.

Weiterführende Literatur für Lehrende:

Bade, K.J. (Hrsg.): Deutsche im Ausland – Fremde in Deutschland, München 1992

Bade, K.J./Oltner, J. (Hrsg.): Normalfall Migration, Bonn 2004 (kostenlos über die Bundeszentrale für politische Bildung zu erhalten).

Bullinger,R./Schneider,E.: USA fächerverbindend - Aufwand ohne Ende? In: Geschichte lernen 81/2001 (Beispiel für einen fächerübergreifenden Unterricht zum Thema USA)

Bundeszentrale für politische Bildung (Hrsg.): Interkulturelles Lernen. Arbeitshilfen für die politische Bildung, Bonn 2000

Foner, Ph. S./Schulz, R. (Hrsg.): Das andere Amerika. Geschichte, Kunst und Kultur der amerikanischen Arbeiterbewegung. Elefanten Press, Berlin 1983

Heft Migration, Geschichte lernen 33/1993

Hamburger, F. und andere (Hrsg.): Migration. Multiplikatorenpaket, Schwalbach 1997

Reich/Holzbrecher/Roth (Hrsg.): Fachdidaktik interkulturell, Opladen 2000

Anmerkungen

1 Der Begriff *„Lernen im Geschichtsraum"* wird in Abgrenzung zum herkömmlichen chronologischem Geschichtsunterricht mit dem Geschichtsbuch gebraucht. Lernen im Geschichtsraum heißt Lernen mit differenzierten Lernangeboten in einem arrangierten Raum, ohne Zeitdruck und mit partnerschaftlichen und kommunikativen Unterrichtsformen. Sachgebundene Imaginationen und Assoziationen verbinden sich mit Erfahrungen und Wissen zu historischen Antworten. Nicht bereits Gedachtes wird gelernt, sondern das Denken.

2 *„Ankerpunkte"* sind Zahlen über zentrale Geschehnisse unseres Schulbuchwissens und helfen Schülerinnen und Schülern bei der Einordnung von Schulthemen oder außerschulisch erworbenen Wissensfetzen, zum Beispiel bei historischen Festen, Filmen oder in Diskussionen. Sie helfen auch bei Aufnahmetests der Schulabgänger.

3　Fertige Zeitleisten erhält man zum Beispiel bei Friedrich Verlag, Seelze: Geschichte lernen. Zeitleisten von 500 v.Chr. bis heute, 1995 und Auer Verlag Donauwörth: Alfons Schweiggert, Die kleine Weltgeschichte. Von der Urzeit bis zur Gegenwart, 1993

4　Vgl. dazu Helmut Sprang, Geschichte ordnen – im Geschichtsschrank, in: Klaus Bergmann/Rita Rohrbach (Hrsg.): Kinder entdecken Geschichte, Schwalbach 2002, S. 117 ff.

5　Die schönsten Geschichtserzählungen findet man zur Zeit im Band von Alexandra Rak (Hrsg.): Von Gestern und Morgen. Mit 21 Autoren durch zwanzig und ein Jahrhundert. Hamburg 2000

6　Die Geschichtserzählung wurde von mir (R.R.) zusammengestellt aus Textstellen von Karin Gündischs Roman „Das Paradies liegt in Amerika". Weinheim/Basel 2000, S. 28 ff. Sie kann für die Erarbeitung des Themas „Wie die Blue Jeans nach Amerika kam" genutzt werden (S. 85 f.).

7　Vgl. Elisabeth Hank-Seidler, Eine neue Zeit beginnt. Schüler erstellen einen Videofilm, in: Praxis Geschichte 2/1996.

8　Weitere Jugendbuchempfehlungen und Tipps in: Geschichte lernen Heft 71/1999. Historische Kinder- und Jugendliteratur. Bücher zum Thema NS/Holocaust: Bücherkiste zum Ausleihen bei Rita Rohrbach, Didaktik der Geschichte, Otto-Behaghel-Str. 10E, JLU Gießen, 35394 Gießen sowie beim Fritz-Bauer-Institut Frankfurt.

9　Ausleihbar über die Stadtbildstelle Frankfurt, 069-94 94 240 (Ausleih-Nr. 4200913) oder über andere Bildstellen der Kreise und über den Landesfilmdienst Hessen (*www.muk-hessen.de*), 069-630 094-0. Der Film wird von Goethe-Instituten oder Deutschen Botschaften oft im Ausland gezeigt. Er erhielt 1984 den Max-Ophüls-Preis für seine formale und künstlerische Qualität.

10　Vgl. dazu das Themenheft „Lieder im Geschichtsunterricht", Geschichte lernen 50/1996

11　David Macaulay: Sie bauten eine Kathedrale; Es stand einst eine Burg. Beide dtv junior, München (in immer neuen Auflagen)

12　Anregungen für Lehrende in J. Radkau: Mensch und Natur in der Geschichte. Historisch-Politische Weltkunde (Sek. II), Leipzig/Stuttgart 2002

13　UE für die Sek.1 in Geschichte lernen Heft 64/1998, S. 48ff. Heft Kranke, Ärzte, Scharlatane: Praxis Geschichte 2/2000

14　vgl. dazu die UE für die Sek.1 in Praxis Geschichte Heft 4, 1996, S. 24 ff. und UE für die Sek. 1 in Geschichte lernen Heft 25/1992 S. 25 ff. sowie einige Ergebnisse des Geschichtswettbewerbs „Umwelt hat Geschichte".

15　Vgl. dazu Brock,W.H.: Justus von Liebig. Braunschweig/Wiesbaden 1999. Für die Schuljahre 3 bis 6 hat ein Seminar am Institut Didaktik der Geschichte dazu ein Kindergeschichtsheft entwickelt, einzusehen unter *www.liebig.dosage.de* oder zu bestellen am Seminar (0641-992 83 01)

16　Vgl. dazu die Kinder-und Jugendbücher: Lang,O.F.: Hungerweg. Das Schicksal der Schwabenkinder, München 2003 (Wanderung armer Kinder von Österreich zum Kindermarkt nach Ravensburg, Arbeit in Schwaben im 19. Jh.). Pelgrom,E.: Umsonst geht nur die Sonne auf,

München 2003 (Dienstmädchenarbeit einer Elfjährigen vor 100 Jahren in Holland)

17 vgl. dazu die Quellensammlung von Henke-Bockschatz, G.: Industrialisierung. Schwalbach 2003

18 Heft Liebe und Ehe: Praxis Geschichte 1/1998

19 DVDs „Die Industrielle Revolution in England" und „Geschichte der USA", beide FWU, Grünwald

20 Levi-Strauss-Museum Buttenheim, Marktstraße 33, 96155 Buttenheim. www.levi-strauss-museum.de. Der Leitung des Museums danke ich für Informationen und der Überlassung zweier Bilder.

21 Literaturempfehlungen: Gündisch, Karin: Das Paradies liegt in Amerika. Weinheim und Basel 2000 (Aus der Sicht des elfjährigen Johann aus Siebenbürgen wird die Emigration und das Heimischwerden in Amerika in den Jahren 1902 bis 1904 erzählt. Karin Gündisch hat Tagebücher, Lieder, Briefe und andere Quellen als Grundlage für ihre sehr lebendige Erzählung genutzt.) Smith, Michael: Boston! Boston! München 1999. Die sechzehnjährige Kate verlässt 1845, in der Zeit der Kartoffelfäule, Irland und findet nach leidvollen Erfahrungen in Boston eine neue Existenz und Familie.)

22 Vgl.dazu Focke, Harald: „In Amerika, da ist es fein, da fließet der Wein zum Fenster rein". Auswandererlieder im 19. Jahrhundert, in: Geschichte lernen, Heft 50 (1996)

5. Loslassen Teil I:
Arbeiten (ganz) ohne Schulbuch

5.1. Handlungsorientierter Geschichtsunterricht oder „Mindestens zu zweit statt allein"!

In unseren Schulen treffen wir auf einheimische Schülerinnen und Schüler und auf multiethnische Lerngruppen, die wenig Familien- oder Heimatgeschichte kennen, aber viel fragmentarisches und oft diffuses und ideologisch verfestigtes Geschichtswissen aus Medien mitbringen. Manche haben sprachliche Defizite und alle sehr unterschiedliche Erfahrungen im sozialen und praktischen Tun. Ein handlungsorientierter Unterricht kann eine Antwort sein, um sprachliche und soziale Defizite auszugleichen und einheimische Kinder und Migrantenkinder gleichberechtigt zu fordern und zu fördern. Handlungsorientierte Methoden, Arbeits- und Sozialformen schaffen Lernsituationen, die das gemeinsame Nachdenken über Vergangenes besonders erfordern, um einheimische Kinder und Kinder aus anderen Kulturen näher zu bringen.

Wenn Sie neu in eine solche Klasse kommen, ist es vielleicht erst einmal sinnvoll, den Unterrichtsstil der Kolleginnen und Kollegen zu übernehmen. Wenn Sie sich nach einiger Zeit der Eingewöhnung sicherer in der Lerngruppe fühlen, können Sie beginnen, Elemente des handlungsorientierten Unterrichts einzuführen. Dies sind *Elemente des sozialen Handelns, des praktischen Handelns und des sprachlichen Handelns.*

PRAXIS:

Sprachliches Handeln:

„Wege entstehen beim Gehen", so heißt es. Lösungen entstehen beim Reden, so könnte man auch sagen. Schaffen Sie darum viele Gelegenheiten, um Schülerinnen und Schüler über Geschichte nachdenken zu lassen, gemeinsam Alternativen aufzuwerfen, gemeinsam Lösungswege zu diskutieren und historische Fragen zu stellen und zu beantworten. Dies gelingt mit

- der Arbeit am Thementisch (vgl. S. 62 ff.);
- Oral History (vgl. S. 68 ff.);
- Partner- und Gruppenreferaten/-arbeiten, Spiel;
- Initiierung und Leitung von Diskussionen und Vorhaben;

- dem dialogischen Schreiben. Im *dialogischen Schreiben* bearbeiten zwei Schülerinnen/Schüler gemeinsam eine Aufgabe. Sie können z.B. aus der Perspektive einer historischen Person eine Tagebuchnotiz entwerfen oder dieser Person aus ihrer eigenen oder einer fiktiven zeitgleichen Perspektive einen Brief schreiben. Die Arbeitspartner entwickeln im Gespräch und während des Schreibens verschiedenste Denkmodelle und bereichern einander.
- Akzeptanz von *Imagination und Emotion*. Im traditionellen Unterricht wird selten, im Schulbuch nie gefragt, welche Gefühle oder Assoziationen eine Schülerin oder ein Schüler zu einem historischen Sachverhalt hat, weil dies als unwissenschaftlich gilt. Ein Widerspruch, denn auch Historiker arbeiten mit ersten Assoziationen und verknüpfen ihre Erfahrungen mit dem Erforschten, um zu narrativen Antworten zu gelangen. Angemessene Imaginationen, Erfahrungen und Emotionen in der Lerngruppe zuzulassen und mit fachlichen Ergebnissen zu einer historischen Antwort zu verknüpfen, stärkt Kinder in ihrer Ich- und Sozialkompetenz.
- Präsentationen.

Soziales Handeln:

Sprachliches Handeln und soziales Handeln bedingen einander. Folgende Sozial- und Arbeitsformen fördern das soziale Miteinander in der Klasse, fördern den Austausch zwischen Mädchen und Jungen, zwischen Migranten und Nichtmigranten, zwischen scheuen und forschen Schülerinnen und Schülern:
- Partner- und Gruppenarbeit;
- Gesprächskreis;
- Szenisches Spiel, Brettspiele, Rätselspiele (vgl. S. 108. f.);
- Lernwerkstatt (vgl. S. 70 ff.);
- die Präsentation;
- differenzierte Tages- und Wochenpläne.
  In differenzierten Tages- und Wochenplänen wird Schülerinnen und Schülern genug Zeit und Raum gegeben, Arbeitspartner, Arbeitsformen und Arbeitszeit zu wählen, auszuhandeln, auszuprobieren und auszugestalten.

Praktisches Handeln:

Während sich Schülerinnen und Schüler etwas praktisch erarbeiten, müssen sie sprachlich und sozial handeln und erwerben Medien- und Methodenkompetenz. Im praktischen Tun und im Dialog über die gemeinsame Umsetzung entwickeln sie Theorien über menschliches

Handeln in der Vergangenheit und heute, hier und in anderen Ländern. Das praktische Tun unterstützt das Verstehen (be-greifen! – „Denken als Ordnen des Tuns") und die Behaltensleistung. Auch wenn die Annahmen der Lernpsychologie, dass wir 10% dessen behalten, was wir lesen, 50% dessen, was wir hören und sehen, 70% dessen, was wir selbst sprechen und 90% dessen, was wir praktisch tun, inzwischen widerlegt sind, wissen wir doch durch eigene Beobachtungen als Lehrende, dass Kinder und Jugendliche sich nach längerer Zeit immer noch an den Lerninhalt am besten erinnern, der mit einer Handlung, zum Beispiel dem Besuch eines außerschulischen Lernortes, verbunden war. Und auch wenn wir davon ausgehen, dass die Behaltensleistung individuell verschieden ist, sollte uns diese Beobachtung dazu ermutigen, mehr Gelegenheiten zum praktischen Handeln zu schaffen!

Hier findet – wieder mindestens zu zweit statt allein – praktisches Handeln statt:

- Erstellen von Objekten für/über die Unterrichtsarbeit (Diorama, Modelle, Zeitleiste, Zeitcollage, Wandzeitung ...);
- Selbständige Materialsuche;
- Spurensuche (vgl. S. 94 f.);
- Experimentelle Archäologie: Ausprobieren von historischen Tätigkeiten wie Töpfern wie in der Steinzeit, Kochen wie die Römer, Schreiben auf Wachstafeln, Drucken mit beweglichen Lettern u.v.m.;
- Nachvollzug historischer Situationen durch sprachliche und praktische Aktionen wie die Simulation eines historischen Dialoges;
- Präsentation von Unterrichtsergebnissen, zum Beispiel in einer Ausstellung und bei einem historischen Fest (s. Abb.9).

PRAXIS:

Die Erarbeitung der Nachkriegsgeschichte Deutschlands durch Spurensuche vor Ort eignet sich ideal, um handlungsorientiert zu arbeiten.

- Die Schülerinnen und Schüler recherchieren und sammeln in arbeitsteiliger Gruppenarbeit im Ort, im Archiv, in der Bibliothek und durch Zeitzeugenbefragung zu Themen wie Zerstörung, Besatzung, Lager, Entnazifizierung, Flüchtlinge, Hamsterfahrten, Schwarzmarkt, Kochrezepte (sprachliches und praktisches Handeln).
- Sie arbeiten ihr Gesammeltes in Partner- und Gruppenarbeit auf und ergänzen es mit Materialien vom Thementisch. Sie vergleichen und diskutieren ihre Ergebnisse im Plenum (sprachliches und soziales Handeln).
- Sie lesen im Unterricht das Buch „Monis Jahr" von Kirsten Boje oder schauen den Film „Peppermint Frieden" (vgl. S. 79 f.).

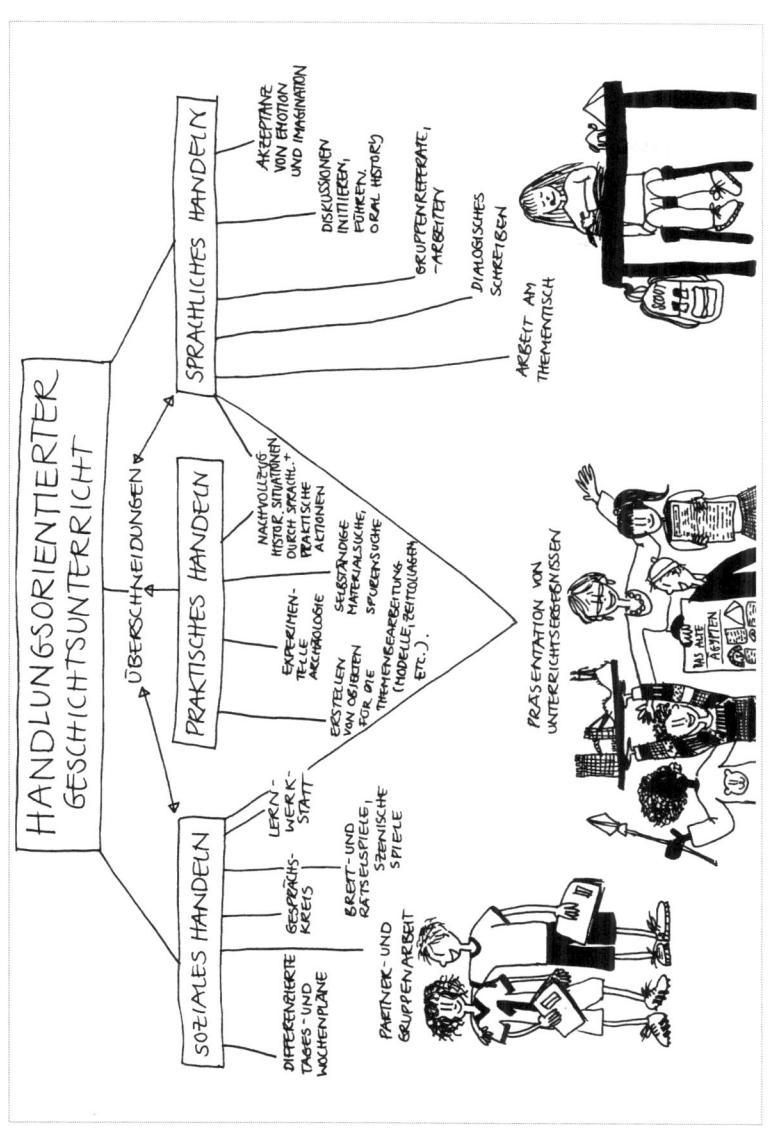

Abb. 9: Mind Map: Handlungsorientierter Geschichtsunterricht

- Sie versuchen einen Nachvollzug durch Rollenspiel über Hamster-käufe oder Kochen von Nachkriegsrezepten (soziales und praktisches Handeln).
- Sie erstellen eine Präsentation aus Texten, Zeitleiste, Zeitcollagen, gesammelten Quellen und laden zur Präsentation ein (sprachliches, soziales und praktisches Handeln).
- Sie initiieren zum Beispiel die Einladung einer emigrierten bedeuten-den Persönlichkeit der NS-Zeit aus der Region oder schaffen etwas Bleibendes für ihren Ort, zum Beispiel ein Nachkriegskochbuch mit örtlichen Rezepten, eine Karte mit den aufgelösten und neu einge-richteten Lagern der Region um 1945, eine Geschichtsrallye oder sie gestalten sogar einen Gedenkort.

◆ Merksatz: Handlungsorientierung ist eine Antwort des Neuen Geschichtsunterrichts auf Abgrenzungstendenzen in der multieth-nischen Gesellschaft, auf fehlende soziale, sprachliche sowie prakti-sche Erfahrungen und auf das Fehlen heterogener Spiel- und Jugendgruppen. Soziales, sprachliches und praktisches Handeln im handlungsorientierten Unterricht bedingen und ergänzen einander und fördern historisches Denken.

5.2 Außerschulisches Lernen: Spuren suchen

Die „Orientierung in Raum und Zeit" ist eine der grundlegenden Forderungen aller Lehrpläne. Will man sie erfüllen, bedeutet dies auch, den Schulort zu verlassen und sich auf Spurensuche zu begeben. Dies kann man unter anderem in *Museen, Bibliotheken, in Archiven oder auf Exkursionen*. Das Wort Exkursion ist abgeleitet von (lat.) excurrere = herauslaufen. Welches sind Exkursionsorte und welche Ziele lassen sich mit der Arbeit an immobilen, gegenständlichen Quellen erreichen?

Exkursionsorte können u.a. Häuser, Höfe, Stadtteile, Brücken, Grenzen, Mauern, Denkmäler, Gärten, Brunnen, Plätze, Friedhöfe u.a.m. sein.

Durch ihre Arbeit sollen die Schülerinnen und Schüler
- Spuren sehen und „lesen" lernen;
- Sensibilität für den Wert historischer Zeugnisse entwickeln;
- die eigene Umwelt als historisch gewachsen und als Teil einer Universalgeschichte begreifen lernen;
- Methoden- und Sozialkompetenz entwickeln;
- ihre soziale Identität erweitern;

- Kinder mit Migrationshintergrund sollen die Spurensuche als Angebot erkennen, sich eine neue Heimat anzueignen.

Mit den folgenden *Arbeitsformen* sollte, je nach Anspruch und Bedarf, am historischen Ort gearbeitet werden: Erkennen, wiedererkennen, betrachten, fragen, vermuten, beschreiben, messen, skizzieren, fotografieren, mit Hilfe von Karten und Zeitleiste einordnen, deuten, ein szenisches Spiel entwickeln, eine Frottage erstellen (ein großes Stück Papier auf ein Objekt auflegen und mit farbiger Kreide entlang fahren)...

Und weiterführend: Informationen einholen, in Bibliotheken, Museen und Archiven forschen, eine Internetrecherche starten, Informationen verarbeiten und verbinden, eine Ausstellung erarbeiten u.a.m.

Viele Lehrerinnen und Lehrer glauben, dass eine Exkursion für die Schülerinnen und Schüler oft nur Freizeitcharakter hat und Lernen nicht stattfindet. Ich frage seit zehn Jahren Erwachsene, an welche Themen aus ihrem frühen Geschichtsunterricht (bis Klasse 8) sie sich noch erinnern: Es sind sehr wenige und vor allem solche, die mit einer Exkursion, einem Projekt und Handlungen verbunden waren.

◆ Also Mut! Mut auch zum Museums- und Archivbesuch!

Über die Arbeit im Museum:

Museumsbesuche mit trampelnden, unmotivierten oder lauten Lerngruppen und überforderten Lehrenden kennt jede und jeder von uns. Dennoch sind Museumsbesuche sinnvoll, ermöglichen sie doch
- die Verlegung des Lernortes nach außerhalb der Schule,
- Anschaulichkeit,
- die Begegnung mit Originalquellen,
- Informationen durch Experten,
- eventuell handlungs- und produktionsorientiertes Arbeiten,
- Einübung in Methodenkompetenz.

PRAXIS:
1. Lernen Sie Museum und Museumsführungen vor dem Besuch mit der Lerngruppe kennen und treffen Sie Absprachen. Oftmals ist es besser, die Führung selbst zu machen, weil sich angestellte Museumsführer häufig nicht auf Ihre Lerngruppe einstellen können.
2. Treffen Sie eine Auswahl. Nicht alle Bereiche eignen sich für jede Lerngruppe, nicht jeder Themenschwerpunkt zur Beantwortung der historischen Frage Ihrer Lerngruppe. Die ungeordnete Fülle mancher Heimatmuseen überfordert oftmals.

3. Legen Sie Regeln fest und geben Sie feste Arbeitszeiten und offene Zeiten zur Besichtigung oder Bearbeitung nach individuellem Rhythmus, um jedem gerecht zu werden.

4. Lassen Sie sich nicht auf eine „Museumsrallye" ein, in der die Schülerinnen und Schüler unter Konkurrenz und Zeitdruck Objekte finden müssen, denn dann findet keine ernsthafte Auseinandersetzung mit den Objekten und sich daraus ergebenden Fragestellungen statt. Halten Sie eventuell stattdessen Arbeitsaufgaben oder Spiele bereit, die zur intensiven und selbsttätigen Auseinandersetzung mit einzelnen Objekten herausfordern.

5. Ein Museumsbesuch sollte eher in der Mitte oder am Ende einer Themenbearbeitung stehen, damit die Schülerinnen und Schüler beim Rundgang bereits inhaltlich vorbereitet sind. Eine Vorbereitung mit der Form und dem Zweck von Museen kann durch die Einrichtung eines Klassenraummuseums erfolgen (vgl. Kapitel „Spielend lernen", S. 108 ff.). Nach der Einrichtung eines eigenen kleinen Museums werden Ihre Schülerinnen und Schüler ein Museum mit mehr Respekt und Sachverstand für die Anordnung und Aufbereitung der Objekte betreten.

Der folgende Kriterienkatalog wurde von mir nach und nach auf Grund misslungener Museumsbesuche erstellt und hat mir sehr geholfen, aus unangenehmen Erfahrungen angenehme Besuche zu gestalten. Nutzen Sie ihn als *Ankreuzkatalog* bei Ihrer ersten Museumsbesichtigung.

Kriterienkatalog zur Vorbereitung von Museumsbesuchen

A. Äußere Umstände
❏ Führung im Angebot oder Pflicht?
❏ Freie Bewegung für Kinder ohne Erwachsene möglich?
❏ Platz und Erlaubnis zum Arbeiten gegeben?

B. Arbeitsmöglichkeiten
❏ suchen ❏ wiedererkennen ❏ unterscheiden ❏ beschreiben
❏ einschätzen ❏ erklären, beurteilen ❏ nachzeichnen ❏ skizzieren, malen
❏ nachvollziehen ❏ ausprobieren am Objekt oder Modell ❏ spielen

C. Objekte
❏ Quellen
❏ Nachbildungen
❏ Modelle zum Ausprobieren und Handeln

D. Aufbau der Objekte
❏ nach Sachzusammenhang
❏ nach Zeitzusammenhang
❏ nach gesellschaftlichem Zusammenhang
❏ nach anderen Kriterien

E. Aufbereitung der Objekte
❏ Einzelbeschriftungen
❏ mit Schrifttafeln oder Übersichtskarten eingebettet in einen ursächlichen Zusammenhang
❏ Führungsblätter neben den Exponaten
❏ Arbeitsbögen für Rundgänge
❏ audiovisuelle Programme
❏ Förderung historischen Bewusstseins möglich durch...

Ähnliche Vorbereitung sind für den Besuch historischer Stätten, Denkmäler und Archive zu treffen.

Über die Arbeit im Archiv

Viele Schülerinnen und Schüler verlassen die Schule, ohne ein Archiv kennengelernt zu haben. Wenn wir aber dem Anspruch gerecht werden wollen, dass Schülerinnen und Schüler sich selbständig Material besorgen und die historische Frage nach der Historischen Methode bearbeiten lernen, ist eine Einführung in die Arbeit im Archiv unumgänglich. Auf S. 102 finden Sie spielerische Übungen zur Archivarbeit. Wenn Ihre Schülergruppe für einen Archivbesuch genügend vorbereitet und motiviert ist, bietet es sich an, diesen mit einer Recherche in älteren Ausgaben der Lokalzeitung zu verbinden. Lokalzeitungen sind leicht zu lesen. Sie liegen in Druckschrift und in der Alltagssprache vor. Neben den Seiten zu Politik und Wirtschaft finden Schülerinnen und Schüler hier auch ihre eigenen Interessen, zum Beispiel aus der Alltagswelt, dem Sport, der Kultur, zum Wetterbericht, Kinoprogramm und zu Anzeigen.

PRAXIS:

Erster Archivbesuch

„Was stand am Tag Deiner Geburt in der Zeitung?" Mit dieser Ausgangsfrage motivieren Sie ihre Schülerinnen und Schüler zu einem Archivbesuch. Und so gehen Sie vor:
• Informieren Sie sich über den Ort der Archivierung von Zeitungen und über die Arbeitsmöglichkeiten am Archivort. Erfragen Sie, in welcher Form die Zeitungen zum Datum der Geburtstage Ihrer

Schülerinnen und Schüler vorliegen, z.B. gebunden oder als Microfilm. Lassen Sie sich zum geplanten Archivbesuch die gewünschten Zeitungen herauslegen. Melden Sie den Besuch der Gruppe an und vereinbaren Sie einen Ansprechpartner für die Gruppe.

- Am Tag des Archivbesuches mit der Lerngruppe: Die Lerngruppe erhält durch die Archivarin/den Archivar in einem kleinen Vortrag einen ersten Eindruck über Zweck und Art der Archivierungen.
- Die Schülerinnen und Schüler erhalten ihre Arbeitsplätze und Materialien und werden mit Regeln des Kopierens vertraut gemacht. Mit den Regeln des Zitierens sollte die Arbeitsgruppe zu diesem Zeitpunkt schon vertraut sein.
- Je nach Interesse kann jetzt jede Schülerin und jeder Schüler der Zeitung seines Geburtstages Informationen entnehmen und diese für einen besonderen Zweck zusammenstellen: für den privaten Zweck und als Geschenk an Verwandte oder Bekannte.

Zweiter Archivbesuch, Erweiterung

Ausgangsfrage: „Wie war es in unserem Ort, und was hat die Lokalzeitung berichtet zu Ereignissen wie zum Beispiel über die Revolution von 1848, zur Amerikawanderung, zum Beginn oder zum Ende des Ersten/Zweiten Weltkrieges, zu den Olympischen Spielen 1936, zum 17. Juni 1953, zur Studentenbewegung 1968..."

Eine Archivrecherche zum Jahr 1936 in einer Lokalzeitung ist besonders ergiebig und thematisch schülernah. Die folgenden inhaltlichen Schwerpunkte zu oben genannter Frage können unter anderem in der Lokalzeitung entdeckt werden:

NS-Ideologie und NS-Sprache. Bedeutung der Jugend/Erziehung/Schule im Zusammenhang mit Olympia und Sport. Architektur. Wohnen/Frauen/Gäste während der Olympiade. Außenpolitik (Abessinien, Spanischer Bürgerkrieg). Kultur. Reisen. Sport und Sportplätze am Schulort. Lokale Veranstaltungen oder veränderte Anzeigenwerbung der örtlichen Geschäfte anlässlich der Olympiade.

Diese Archivrecherche sollte wieder mit einer Ausstellung in der Schule, im Archiv oder in einem geeigneten Raum des Ortes abgeschlossen werden.

5.3 Lernen von Wahrnehmen und Deuten durch Selbsterfahrung

Als Schülerin war ich der Auffassung, dass alles, was ich in der Schule über die Vergangenheit erfuhr, wahr sei. Ich glaubte, dass Schulbuchautoren und -autorinnen sowie Lehrende genau wüssten, wie es „damals war" und ihre Texte und Erzählungen also „richtig" seien. Zudem sagte mir nie jemand, dass auch Quellen perspektivisch sind. Als Schülerin entnahm ich Quellen Informationen über die vergangene Zeit, nicht aber zum Beispiel versteckte Absichten der Verfassenden und schon gar nicht Hinweise auf mögliche Veränderungen durch Bearbeitung.

Um Schülerinnen und Schülern deutlich zu machen, dass es „die" Geschichte nicht gibt, um sie zu wachsameren und kritischeren Leserinnen und Lesern von Texten, insbesondere von Quellen zu erziehen, können sie Übungen zur Selbsterfahrung durchführen. Dabei lernen sie zur Perspektivität von *Wahrnehmung,*

- dass jeder Zeitzeuge seinen „Sehe-Punkt" (Chladenius, 1710-1759) hat,
- dass ein Dokument der Vergangenheit aus seiner Zeit heraus zu verstehen ist,
- dass ein Dokument der Vergangenheit seine eigene Geschichte hat,
- dass Gefühle eine Sichtweise beeinflussen und Gefühle sich auch ändern.

zur Perspektivität von *Deutung,*

- dass Historikerinnen und Historiker einen Sachverhalt in einer anderen Zeit und unter anderen Gegebenheiten verschieden deuten, beurteilen und beschreiben können;
- dass ein Sachverhalt durch Überlieferung bewusst oder unbewusst verfälscht werden kann.

Am Thema Hexenverfolgung zum Beispiel können Schülerinnen und Schüler erkennen, dass es über Ausmaß und Ursache der Verfolgungen auch heute noch Unsicherheit gibt. Je nach politischer Ausrichtung, nach Geschlecht oder Absicht der Historikerinnen und Historiker und je nach Forschungslage der vergangenen Jahrzehnte können wir in der Literatur unterschiedliche und auch sich widersprechende Ergebnisse zur Hexenforschung lesen. Die Zahlenangaben zu verfolgten und ermordeten „Hexen" schwanken zwischen 30 000 und mehreren Millionen. Als Ursachen werden angegeben: „Die Kirche versuchte den Einfluss heilkräftiger Frauen einzuschränken; die Kirche gab nur dem Druck der Straße nach, kritisiert die Hexenanschuldigungen sogar als Aberglaube; die Nachbarn waren es und nicht die Kirche; es wurden vor allem erfolgreiche/kritische/kluge Frauen verfolgt; es wurden Frauen, Männer und Kinder gleichermaßen verfolgt; Verfolger waren an dem Geld und der Stellung der Verfolgten interessiert; in Notzeiten wurden Sündenböcke gebraucht...". Wenn Schülerinnen und Schüler diese kontroversen Wahrnehmungen und Forschungsergebnisse zur Hexenverfolgung reflektieren, werden sie hoffentlich einfachen Behauptungen zu historischen Geschehnissen zukünftig kritischer begegnen.

PRAXIS:

Im Folgenden werden einige Übungen erklärt, durch die Schülerinnen und Schüler lernen können, ihre eigenen Wahrnehmungen und Deutungen kritisch zu hinterfragen. Sie werden damit zu einer kritischen Haltung gegenüber Quellen, Bildern und Texten sensibilisiert (s. Abb 10).

Beispiel 1: Stille Post
Manche schriftlichen Quellen sind nicht zeitgleich mit dem Geschehen entstanden, über welches sie berichten. Dadurch ging manches verloren, anderes wurde vielleicht hinzugedichtet.

Spielen Sie mit Ihrer Klasse „Stille Post". Teilen Sie Ihre Klasse in Gruppen zu je fünf bis sechs Schülerinnen und Schülern. Eine Schülerin/ein Schüler liest für sich einen anspruchsvollen Text von einer viertel bis halben Seite, zum Beispiel zu einem öffentlichen Beschluss der SV oder der Gesamtkonferenz oder aus dem Schulgesetz. Wie beim bekannten Kinderspiel „Stille Post" wird dieser Text nun von einem zum anderen durch Flüstern weitergegeben, bis die/der letzte erzählt, was sie/er gehört hat und dieses mit dem Originaltext verglichen wird. Wenn alle Gruppen ihre Ergebnisse vergleichen, sollte deutlich geworden sein, dass sich ein Text durch das Weitererzählen verändern kann, schon nach 10 Minuten. Die Klasse bespricht, wie und warum mündlich Überliefertes sich in ein, zwei oder zehn Jahren verändern kann.

◆ Erinnern Sie Ihre Klasse bei Gelegenheit, z.B. bei einer Quelleninterpretation, an die Ergebnisse aus der „Stillen Post".

Beispiel 2: Zeitzeuge sein/Quellenproduzent sein
Die Klasse beobachtet einen Filmausschnitt oder aber ein Ereignis in der Schule, zum Beispiel eine SV-Sitzung, einen Streit oder einen Sportwettkampf, an dem möglichst viele Personen beteiligt sind. Die Schülerinnen und Schüler fertigen Protokolle an und vergleichen sie.
• Wurde das Beobachtete unterschiedlich protokolliert?
• Wo tauchen Unterschiede auf?
• Sind nur Beobachtungen wiedergegeben oder enthält das Protokoll auch schon Bewertungen?
Die Schülerinnen und Schüler erkennen, wie schwer eine objektive und präzise Wiedergabe ist. Sie ahnen vielleicht schon, dass alle Menschen, auch Historikerinnen und Historiker, einen „Sehe-Punkt" haben und dass dieser die Niederschrift beeinflusst.

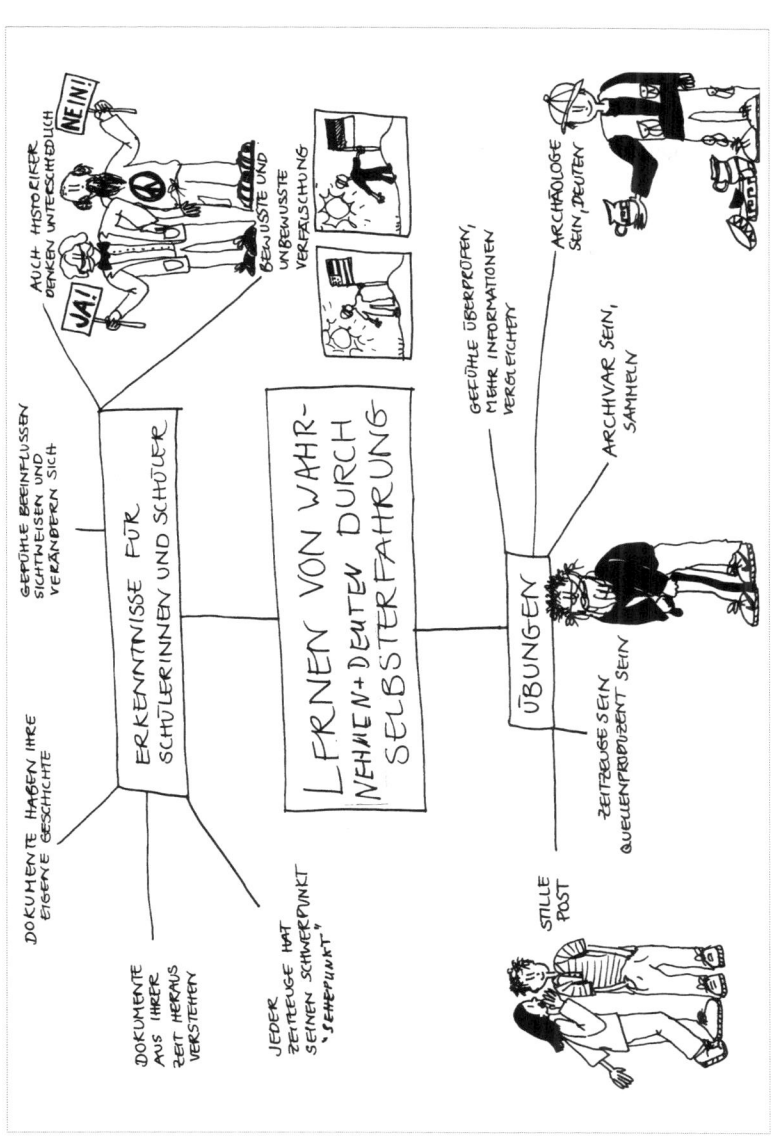

Abb. 10: Mind Map: Selbsterfahrung

◆ Weisen Sie bei Gelegenheit auf diese Erfahrung hin!

Beispiel 3: Archivar sein. Sammeln
Zu Anfang des Schuljahres legen Sie mit Ihrer Klasse eine Erinnerungs-
kiste an, ein Klassenarchiv. Jedes Mitglied der Klasse legt im Laufe einer
Woche ein Tütchen mit einer Tageserinnerung hinein, einem Fundstück wie zum Beispiel eine Eintrittskarte, ein Stück Schokopapier und
Ähnliches. Dazu werden schriftliche Angaben zum Fundort, zur Fund-
zeit und eine kleine Geschichte mit näheren Angaben zu den Umständen gemacht, wie der archivierte Gegenstand entdeckt wurde.

Am Ende des Schuljahres bitten Sie jede einzelne Schülerin und jeden
Schüler, sich an das Fundstück im Klassenarchiv zu erinnern und folgende Fragen zu beantworten:
*Was habt ihr ins Archiv gelegt? Wo und wann habt ihr den Gegenstand
gefunden? Welche Geschichte habt ihr dazu geschrieben?*
Manchen werden diese Erinnerungen nicht leicht fallen und es werden
sich Fehler ergeben. Die Klasse erkennt, dass dies auch Fachleuten
passieren kann und solche Fehler in Geschichtsbüchern Eingang finden
können.

Bei dieser Gelegenheit können Klassen ein Archiv kennen lernen und
darin eine Arbeitsaufgabe erledigen. Besprechen Sie mit Ihrer Lerngruppe dabei auch, seit wann es Archive gibt, wer die Archivare bezahlte, was
archiviert wurde und – was *nicht* archiviert wurde.

Beispiel 4: Archäologe sein. Deuten
In der Klasse betrachtet man ein Bild, das eine Szene auf einer griechi-
schen Amphore darstellt oder zum Beispiel ein Relief zu einer römischen
Marktszene. Die Schülerinnen und Schüler bekommen folgende Aufgabe:
*Ihr habt an einer Ausgrabung teilgenommen und diesen Gegenstand ge-
funden. Zusammen mit anderen Archäologen beschreibt ihr genau, was ihr
seht. Danach stellt ihr Vermutungen auf über das Abgebildete. Wer sind die
abgebildeten Menschen? Was tun sie? Warum tun sie es? Zu welchem Zweck
hat die Herstellerin/der Hersteller dieses Gegenstandes diese Szene so dargestellt?*
Die Gruppe vergleicht und diskutiert die Ergebnisse und es wird
deutlich, wie unterschiedlich ein Überrest interpretiert werden kann.
Nun sollten Sie anregen zu überlegen, wie eine Deutung dazu wohl vor
100 Jahren ausgefallen wäre oder in 100 Jahren ausfallen wird, wie ka-
nadische oder afrikanische Schülerinnen und Schüler oder Forscherinnen und Forscher interpretieren würden.[1]

In der Klasse wird man zukünftig fertigen Angeboten von Bildunterschriften kritischer gegenüber stehen.

Beispiel 5: Gefühle überprüfen, mehr Informationen vergleichen
Die Klasse liest einen Zeitungsartikel zu einem politischen Geschehen, das für möglichst viele emotional besetzt ist. Alle äußern in einer ersten Erzählrunde ihre Gefühle, schreiben diese dann auf und legen den Zettel in die Archivkiste. Nach mindestens sechs Monaten erhalten die Schülerinnen und Schüler ihren Zettel zurück und überdenken ihre damaligen Gefühle: Haben diese sich verändert? Warum? Weil sich die politische Situation verändert hat? Weil neue Informationen hinzugekommen sind? Weil man sich selbst verändert hat?

Die Schülerinnen und Schüler machen sich bewusst, dass zu den Perspektiven auch Gefühle gehören und diese sich verändern. Sie erkennen, dass in einen Text oder in eine Quelle zu einem historischen Ereignis auch die Gefühle der Verfasser eingeflossen sind und dass diese abhängig waren von den damaligen Befindlichkeiten.

KONKRET:
Die folgenden Zeitungsartikel (S. 104-107) stellen einen Konflikt zwischen Protestanten und Katholiken in Nordirland dar, der wegen seiner Thematik (Schulanfang) für Schülerinnen und Schüler besonders interessant ist. Die Zeitungsartikel sind der gleichen Tageszeitung über einen Zeitraum von drei Tagen entnommen. Nach dem Lesen des Artikels vom 4.9.01 werden die Sympathien der Leserinnen und Leser sicherlich auf Seiten der katholischen Erstklässler sein. Mit einem einzigen Satz aus dem dritten Artikel („Die Leitung der ... Schule hat den Eltern empfohlen, einen anderen Schulweg zu nehmen – im Interesse der Kinder... Doch die meisten Eltern denken gar nicht daran") könnten sich die Gefühle der Lesenden verschieben. Hier werden Schülerinnen und Schüler auch erkennen, wie nötig diese Information war und sicherlich noch viele nötig sind, um diesen alten Konflikt zu verstehen und einer möglichen Manipulation der Leserinnen und Leser vorzubeugen.

Anmerkung

1 Vgl. dazu Bergmann, Klaus: Multiperspektivität, Schwalbach/Ts. 2000, S. 40ff

Nordirische Terroristen werfen Bombe in Richtung von Kindern

Panik unter Schulmädchen und ihren Eltern – zwei Polizisten verletzt

Belfast (dpa). Protestantische Terroristen haben gestern in der nordirischen Hauptstadt Belfast eine Brandbombe in die Richtung von katholischen Schulmädchen geworfen. Zwei Polizisten wurden dadurch verletzt. Unter den etwa 100 Kindern und ihren Eltern brach Panik aus.

Eine Frau fiel in Ohnmacht und wurde ins Krankenhaus gebracht. Kinder wurden nicht verletzt. Zu dem Anschlag bekannten sich die „Red Hand Defenders", ein Codename für pro-britische, protestantische Terrorgruppen wie die Ulster Defence Association. Die Polizei nahm eine Person fest.

Es war der dritte Tag in Folge, an dem Hunderte von schwer bewaffneten Soldaten und Polizisten den Schulweg der katholischen Kinder durch ein protestantisches Gebiet in Nord-Belfast sichern mussten. Auch diesmal wurden die vier bis elf Jahre alten Mädchen wieder beschimpft und mit Steinen beworfen.

Billy Hutchinson, der örtliche protestantische Abgeordnete im nordirischen Regionalparlament, zeigte sich erschüttert. „Ich schäme mich heute sehr, ein Loyalist (Protestant) zu sein, nachdem ich gesehen habe, wie diese Leute kleine katholische Schulmädchen angegriffen haben."

Gerry Kelly, ein Abgeordneter der IRA-nahen katholischen Partei Sinn Fein, sagte: „Das war ein Brandbombenangriff auf Kinder. Es ist ein Wunder, dass nicht noch mehr Leute und keine Kinder verletzt wurden." Die protestantischen Demonstranten müssten sich jetzt klarmachen: „Da hat sich in einer paramilitärischen Organisation letzte Nacht irgendjemand hingesetzt und sich gesagt: ‚Was wir jetzt mal machen müssen, ist zu versuchen, die mit einer Brandbombe anzugreifen.'" Alban Maginness von der gemäßigt-katholischen SDLP sagte, „antikatholischer Fanatismus" sei in Nordirland so stark wie „Antisemitismus in anderen Teilen der Welt".

In der Nacht zuvor waren bei Straßenkämpfen in Belfast nach Angaben der Polizei 15 Brandbomben und 250 Molotow-Cocktails gezündet worden. 41 Polizisten wurden verletzt.
Gießener Allgemeine
v. 4.9.2001, S. 2

Durch die Gasse des Hasses

Protestanten wollen mit allen Mitteln verhindern, dass katholische Kinder „ihre Straße" betreten

Von dpa-Korrespondent Christoph Driessen (Belfast)

Das Einzige, was Mary auf ihrem Schulweg sieht, sind Armeefahrzeuge und Soldatenrücken mit geschulterten Schnellfeuergewehren. Eng an ihre Mutter geschmiegt, den bunten Schulranzen mit eisernem Griff umklammert, bewegt sie sich durch eine Gasse von Militärs und Polizisten – die „Gasse des Hasses". Mary ist Erstklässlerin. Dieser Mittwoch ist ihr dritter Schultag. Aber bisher hat sie noch keinen Unterricht bekommen. Nur eines hat sie schon gelernt: Der Schulweg ist lebensgefährlich. Denn dies ist Belfast, Nordirland, im dritten Jahr des Friedensabkommens.

Auf der Straße liegen zersplitterte Flaschen und geplatzte Farbbeutel, sogar Bretter, die mit Nägeln gespickt sind. Ab und zu fliegen Pflastersteine über die Polizisten zwischen die Eltern und Schulkinder, die so schnell wie möglich der katholischen Grundschule „Holy Cross" zustreben. „Abschaum, Abschaum!" schallt es ihnen entgegen. „Huren! Penner! Eure Kinder sind Tiere!" Ein Mädchen hat sein Gesicht im Ärmel seines Vaters verborgen. Einmal schaut es auf, und in seinem Gesicht steht blankes Entsetzen.

Plötzlich gibt es einen Knall. Mütter schreien auf, die Kinder beginnen zu weinen. Alle rennen. Irgendwo ist ein Polizist zu Boden gegangen, hält sich sein Bein und krümmt sich vor Schmerzen. Isabel McGrann, die ihre Tochter Emma begleitet, wagt nicht, sich umzudrehen. „Ich dachte, die Kinder und Eltern hinter mir wären tot", sagt sie später. „Ich glaube nicht, dass es noch schlimmer kommen kann." Es ist nur eine Brandbombe, stellt sich heraus. Eine Brandbombe und zwei verletzte Polizisten – das ist eigentlich nichts Besonderes. In den 24 Stunden zuvor sind in Belfast 15 Brandbomben und 250 Molotowcocktails gezündet worden. 41 Polizisten wurden verletzt, und vier Autos brannten aus.

Eine Nacht wie viele andere. Dass eine Brandbombe nun auch in die Richtung von Kindern geworfen wird – Kinder, von denen manche nicht älter sind als vier Jahre – das ist eine neue Dimension der Gewalt. „In 30 Jahren als Priester habe ich noch nie so viel blanken Hass erlebt", sagt Schulleiter Bruder Aidan.

Die Karikatur im „Independent" zeigt an diesem Morgen ein kleines Mädchen, das ein riesiges Kreuz durch eine feindliche Menge schleppt. Seit Montag wird der Nordirland-Konflikt auf dem Rücken der Schwächsten, der Kinder, ausgetragen. Das Drama spielt sich ab in Glenbryn, einer protestantischen Enklave im überwiegend katholischen Stadtteil von Ardoyne im Norden von Belfast.

Die Protestanten wollen verhindern, dass die katholischen Kinder über „ihre" Straße zur Schule gehen. Sie fühlten sich dadurch „bedroht" und „belagert", sagen sie. Die Kinder könnten die Schule auch auf einem anderen Weg erreichen. Die Tatsache, dass ihre Eltern sie stur über die „pro-testantische" Ardoyne Road schickten, beweise, dass die Katholiken immer weiter vorrücken wollten.

Die Leitung der „Holy Cross"-Schule hat den Eltern empfohlen, einen anderen Schulweg zu nehmen – im Interesse der Kinder, die sonst fürs Leben traumatisiert würden. Doch die meisten Eltern denken gar nicht daran. „Wir gehen diesen Weg, weil es unser Recht ist", sagt Denise Donnelly, die ihre zehnjährige Tochter Paulette an der Hand hält. „Wir sind keine Bürger zweiter Klasse." Morgen ist wieder Schule und alle werden wieder da sein: die katholischen Eltern, die protestantischen Bewohner, die Polizei und die Armee. Und die Kinder.

Gießener Allgemeine
v. 6.9.2001, S. 1

Erstklässler unter Polizeischutz

Polizeibeamte eskortieren in Belfast die Erstklässler auf ihrem Weg zur Schule

Belfast/London (dpa). Wütende Protestanten haben am Montag in der nordirischen Hauptstadt Belfast versucht, katholischen Kindern an ihrem ersten Schultag den Weg zur Schule zu versperren. Die Polizei musste eingreifen, um den sechs bis sieben Jahre alten Kindern einen Weg durch die Menge zu bahnen. Zum Teil gingen die Polizisten mit Schlagstöcken gegen die Protestanten vor.

Billy Hutchinson, der protestantische Vertreter für Nord-Belfast im nordirischen Regionalparlament, warf der Polizei vor, übertrieben hart durchgegriffen zu haben. Doch der stellvertretende Polizeichef von Belfast, Alan MyQuillan, kritisierte die Protestanten scharf. Es sei ihm schleierhaft, wie man den Konflikt auf Kosten von Erstklässlern austragen könne: „Unsere Priorität heute Morgen muss sein, dass die Kinder ohne Trauma zur Schule kommen können." Isabelle McGann sagte, ihre Tochter werde den ersten Schultag ihr Leben lang in furchtbarer Erinnerung behalten. „Ich habe genug davon, mein Kind weinen zu sehen", sagte sie.

Am Vorabend war die Polizei in Belfast bereits mit Brandflaschen und Steinen angegriffen worden. An den Straßenkrawallen waren etwa 150 Jugendliche beteiligt.

Gießener Allgemeine
v. 4.9.2001, S. 2

6. Loslassen Teil II:
Von unangenehmen zu angenehmen Seiten des Geschichtsunterrichts

Für manche Lehrerinnen und Lehrer sind Spiele im Unterricht angenehme Lernformen, andere fürchten sie, weil sie im alten Unterricht kaum vorkamen, also keine Kenntnisse darüber vorhanden sind oder aber weil sie zu Unruhe führen können.

Üben und Wiederholen wird in einem Zweistundenfach wie Geschichte oft vernachlässigt, weil Lehrende glauben, dass ihnen die Zeit dafür fehlt. Das Üben ist also eher eine unangenehme Pflicht.

Leistungsbewertung fällt in einem Zweistundenfach besonders dann schwer, wenn man die Klasse kaum kennt, so dass über mündliche Leistungen nur ein schwacher Überblick herrscht.

Viele Methoden und Unterrichtsvorgänge werden individuell sehr unterschiedlich empfunden und gehandhabt. Für den Neuen Geschichtsunterricht, in dem wenig Belehrung und viel eigenes Ermitteln, in dem Lernarrangements und außerschulisches Lernen, kommunikative und handlungsorientierte Unterrichtsformen eine Rolle spielen, bekommen die oben genannten Methoden und Vorgänge eine andere Bedeutung.

6.1 Spielend lernen: Szenisches Spiel, Diskussionen, Ratespiele und Brettspiele

Kinder und Jugendliche spielen gern. Sie spielen Situationen nach, greifen zu Brett- und Kartenspielen oder lösen Rätsel, oftmals mit Anstrengung und Ausdauer. Greifen Sie im Geschichtsunterricht diesen Spieltrieb auf und nutzen Sie das Spiel als Arbeits- und Sozialform: als Einstieg, zur Erarbeitung, zur Einübung, zur Kontrolle oder zur Präsentation von Inhalten und Lernwegen.[1]

Im szenischen Spiel können Schülerinnen und Schüler eigene und fremde Perspektiven erkennen und vergleichen, Empathie zulassen und Perspektivenübernahme üben sowie ihre Handlungskompetenz und ihr Identitätsbewusstsein erweitern.

Schülerinnen und Schüler erhalten Aufgabenstellungen wie „Stellt euch vor, ihr seid ... ihr wollt ... sprecht mit dem z.B. Grundherrn, den Weißen, dem Rat der Stadt ...".

In Tages- oder Wochenplänen kann den Lernenden die Entscheidung, ob sie einen Sachverhalt durch eine mündliche oder schriftliche Erarbeitung oder in Form eines Spieles bearbeiten wollen, selbst überlassen werden.

Das Rollenspiel ist eine bekannte Arbeitsform im Unterricht, die besonders bis zur siebenten Klasse gern praktiziert wird. In achten und neunten Klassen sind die Schülerinnen und Schüler etwas gehemmter und man muss ihnen Hilfsmittel wie Texte, Verkleidungen und Rollenkarten zur Verfügung stellen, damit sie ihre altersbedingte Scheu überwinden (s. Abb 11, S. 110).

Was bedeutet *Spielend lernen* noch, welche Formen sind u.a. zu unterscheiden?

* Szenisches Spiel: Offenes Rollenspiel/geschlossenes Rollenspiel/Planspiel/Theaterspiel/Spiel mit Rollenkarten/Standbild/Stabpuppenspiel
* Diskussionen: Pro- und Contra/Podiumsdiskussion, Talk-Show...
* Ratespiele: Begriffe-Raten im Pantomime-Spiel/Begriffe raten durch Beschreibung/Wer-wird-Millionär-Spiel...
* Brettspiele, Rätsel...

PRAXIS:

Szenisches Spiel:

Für die Durchführung szenischer Spiele gelten zwei Voraussetzungen: Die Spielenden müssen sich, der Klasse und ihrer Lehrkraft vertrauen, dürfen also keine Angst haben, ausgelacht zu werden, und es muss genügend Zeit für die Entwicklung und Ausführung der Spiele zur Verfügung gestellt werden.

Das *offene Rollenspiel* eignet sich gut zur Einführung eines Themas oder eines Textes. Zu einem Bild oder einer abgebrochenen Geschichtserzählung nähern sich die Schülerinnen und Schüler spielend dem historischen Sachverhalt und werden neugierig: Könnte es so gewesen sein? Jetzt will ich mehr wissen. Während einer Themenbearbeitung kann die Überprüfung des gerade erworbenen Geschichtswissen zu einem Sachverhalt im offenen Rollenspiel erfolgen, wenn u.a. eine den Sachverhalt erweiternde Quelle in ein Spiel umgesetzt wird (Die Bauern diskutieren den Aufruf Luthers „Wider die räuberischen ...")

Im *geschlossenen Rollenspiel* sind Inhalt, Verlauf und Ausgang festgelegt. Wird es noch eingeübt, ähnelt es dem *Theaterstück*, das bei der Präsentation einer Themenbearbeitung gezeigt wird. Im *Planspiel* er-

Abb. 11: Mind Map: Spielend lernen

halten die Spielenden die Aufgabe, einen bestimmten Lösungsweg zu entwickeln oder ein vorgegebenes Ziel zu erreichen.

Festgelegte Rollen finden wir im Spiel mit *Rollenkarten*. Jedes Mitglied der Lerngruppe erhält eine Karte, auf der eine historische Person oder Situation beschrieben ist. Nun können dazu verschiedene Aktivitäten folgen, u.a. eine Vorstellung, Befragung, Zuordnung, ein Streitgespräch zwischen den Personen oder alle Formen von szenischen Spielen. Das Arbeiten mit Rollenkarten ist bei Schülerinnen und Schülern sehr beliebt. Fachfremd unterrichtende Lehrende sollten anfangs auf fertige Rollenkarten[2] zurückgreifen, um diese kennenzulernen, danach können die Karten von Lehrenden und Lernenden bald selbst hergestellt werden.

Beim *Standspiel* wird auf der Grundlage eines Bildes oder Textes eine Situation ohne die Verwendung von Sprache mit dem Körper nachgestellt. Die Schülerinnen und Schüler können damit den möglichen Haltungen und Gefühlen der historischen Personen nachspüren. Mehrere Standbilder zu einem Sachverhalt können in Alternativen entwickkelt und verglichen werden: Wer aus der Gruppe der historischen Personen ist nun der Bittende, Überlegene, Furchtsame ...?

Manche Kinder und Jugendliche mögen sich nicht selbst in ein Rollenspiel einbringen und sind daher dankbar, wenn sie eine *Stabpuppe* herstellen und mit dieser eine Rolle darstellen dürfen. Figuren von Personen auf historischen Darstellungen werden ausgeschnitten oder es wird eine Skizze der Personen gestaltet und auf einen Stab geklebt. Dabei nähern sich die Schülerinnen und Schüler bereits der historischen Situation. Sie überlegen, welche Kleidung die Person wohl angehabt haben könnte, ob sie arm oder reich sowie ordentlich oder heruntergekommen ausgesehen haben mag. Nun können Texte dazu übernommen oder erarbeitet werden und das Spiel beginnt: die Figuren können sich u.a. vorstellen, über ihre Zeit berichten, sich austauschen oder einen Konflikt diskutieren.

Diskussionen:

Nutzen Sie die Begabungen heutiger Schülerinnen und Schüler zum Argumentieren, aber steuern Sie diese Begabungen, indem Sie Ihre Lerngruppe anhalten, sich auf eine Diskussion vorzubereiten, Standpunkte zu erarbeiten und zu vertreten sowie eventuell Lösungen zu entwickeln. Historische Sachverhalte sind ideale Grundlagen von *Pro- und Kontra-Diskussionen und Podiumsdiskussionen*, wenn die vielfältigen Perspektiven eines Sachverhaltes diskutiert und fremde Rollen übernommen werden.

Vorbereitung:
Erarbeitung der Inhalte – Erarbeitung von Thesen/Standpunkten – evtl. Rangfolge der Thesen herstellen – evtl. Teams bilden – Bedenken der Antithesen und ihrer Erwiderung – eventuelle Anfertigung von Namensschildern oder Rollenkarten, dann Vorstellung der Diskutanten.

Durchführung:
Festlegung von Regeln – eventuell Steuerung durch Diskussionsleiterin oder -leiter – Vertreten der Thesen.

Auswertung:
Beurteilung der Argumente und des Diskussionsablaufes – Rückbezug auf den Inhalt.

Ratespiele werden zu unterschiedlichsten Zeiten einer Themenbearbeitung durchgeführt: bei der Einführung, um Neugier zu wecken und Vorkenntnisse festzustellen, während der Durchführung auf der Grundlage des bearbeiteten Stoffes als Übung oder nach der Bearbeitung zur Wiederholung und Kontrolle (als „Spiele des Wissens" oder als „Wer wird Millionär-Spiel" eingebracht).

Schülerinnen und Schüler sollten die zu erratenden Begriffe, Personen und Situationen entweder durch Sprache umschreiben oder durch Pantomime darstellen. Lehrende können Fragespiele nach einem Regelkatalog durchführen.[3]

Brettspiele und Kreuzworträtsel haben ähnliche Funktionen wie Ratespiele. Gekaufte Brettspiele werden wohl nur selten genutzt und liegen manchmal zur Differenzierung bereit. Selbst erstellte Brettspiele und Worträtsel dienen der Wiederholung und der Kontrolle. Sie werden von Lehrenden und Lernenden auf der Grundlage des Bearbeiteten selbst hergestellt.[4] Bei einfachen Brettspielen mit einem Start und Ziel sowie mehreren Ereignisfeldern können folgende Anweisungen nützlich sein:

> „Rücke vor um/bis…gehe zurück um/bis…, setze aus, würfele noch einmal, nimm alle zurückgebliebenen Spieler mit auf dein Feld, alle dürfen 1/2/3 Felder vorrücken…."

Selbst erstellte Brettspiele für die freie Arbeit, für Vertretungsstunden und für schneller arbeitende Schülerinnen und Schüler in der Wochenplan-Arbeit können ständig im Klassenraum bereit stehen.

6.2 Klassenraummuseum

Spielend gelernt wird auch bei der Einrichtung eines Klassenraummuseums. Es dient nicht nur der Vorbereitung von Museumsbesuchen (vgl. Kap. „Spurensuche", S. 94 ff.), sondern auch der Einübung von Handlungs- und Methodenkompetenz. Bitten Sie Ihre Schülerinnen und Schüler, einen alten Gegenstand mitzubringen. Nun kann auf drei Wegen damit gearbeitet werden:

PRAXIS:

Weg 1: Ratespiel: Jeder Jugendliche hält seinen Gegenstand noch verborgen und beschreibt ihn für die anderen mit dem Ziel, dass diese den Gegenstand allmählich erraten sollen.
Alternative: Alle Gegenstände liegen aus und jeder sucht sich mit den Augen einen aus, den er so beschreibt, dass die anderen ihn allmählich erraten können, zum Beispiel so:
• „Dieser Gegenstand ist mehr als 100 Jahre alt."
• „Er wurde im Haushalt benutzt."
• „Er ist aus Metall."
usw."

Weg 2: Fantasie/Perspektivisches Schreiben: Zu jedem ausliegenden Gegenstand wird eine erdachte Geschichte geschrieben, zum Beispiel so:

„Ich sehe meinen Gegenstand auf einem Schreibtisch liegen. Es ist 60 Jahre her. Ein Mensch nimmt den Gegenstand und..."

Weg 3: Wissenschaftliche Aufarbeitung, eventuell nach der Historischen Methode:
• Es werden Fragen über den Gegenstand gesammelt.
• Der Fundort wird festgehalten.
• Der Gegenstand wird beschrieben und eingeordnet.
• Er wird eventuell vermessen, gezeichnet, geschätzt.
• Es werden Informationen dazu gesucht.
• Es wird eine Kartei dazu angelegt.
Zum Schluss werden alle Sachquellen ausgestellt.

Ein Tipp zur visuellen Wirkung: Ein schönes altes Tuch unter die Objekte legen. Das Erarbeitete auf Packpapier schreiben, die Ränder des Papiers eventuell bearbeiten. Hintergrundmusik aussuchen.

Das Klassenraummuseum wartet auf Besucherinnen und Besucher!

◆ Merksatz: Spielend lernen bedeutet nicht Spaßpädagogik, sondern ernsthafte, zielgerichtete und abwechslungsreiche Auseinandersetzung mit Inhalten und Lernwegen.

6.3 Üben und Wiederholen

◆ Erinnerung: Im Neuen Geschichtsunterricht geht es nicht um das Erlernen abfragbaren Wissens, sondern es geht darum, die Geschichte selber zu denken – nachzudenken über vergangenes Handeln und Leiden.

Nicht nur Namen, Daten und Fakten müssen also wiederholt, geübt und abgefragt werden, sondern auch oder gerade Zusammenhänge und Einsichten sowie Methoden und Kompetenzen. Hierfür müssen wir Hilfestellungen geben und Übungsmittel bereithalten oder herstellen lassen, die die verschiedenen Lernzugänge berücksichtigen. Vielfältigkeit ist Voraussetzung! Neben dem Üben und Wiederholen von Inhalten sollte Ihre Aufmerksamkeit auch auf das regelmäßige Einüben von Methoden gerichtet sein: Fragen zu stellen, Hypothesen zu entwickeln, Informationen zu sammeln und zu bewerten, Quellen zu interpretieren und vieles mehr muss Grundlage von Übungen sein und wird erst selbstverständliche Handlung durch Wiederholungen (s. Abb 12).

Praxis für das Üben/Wiederholen von Inhalten:
* Nutzen Sie, falls Sie noch mit dem Schulbuch arbeiten, die Angebote in neueren Schulbüchern, die zu jedem Kapitel eine Wiederholung anbieten oder eine Methode einüben.
* Stellen Sie vor jeder Stunde die „Tafelfrage des Tages".
* Geben Sie Kompetenzen ab und lassen Sie Karteikarten, Rätsel und Brettspiele (vgl. Kap. „Spielend lernen", S. 108 ff.) nach einem Themenabschluss von Ihren Schülerinnen und Schülern erstellen, die dabei den erarbeiteten Stoff wiederholen und üben werden. Damit die selbst erstellten Spiele und Karteien dann auch wirklich genutzt werden, müssen Sie genug Unterrichtszeit zur Verfügung stellen. Dies gelingt besonders unproblematisch in differenzierten Tages- oder Wochenplänen. Auch Vertretungsstunden können mit Hilfe von Karteien und Spielen sinnvoll gestaltet werden.

Manche Lehrerinnen und Lehrer spielen mit ihrer Lerngruppe zur Wiederholung eines Themas das Spiel „Lüge oder Wahrheit", indem sie in eine Geschichtserzählung falsche Daten und Fakten einfügen, die von den Schülerinnen und Schülern erkannt werden müssen. Dies mögen

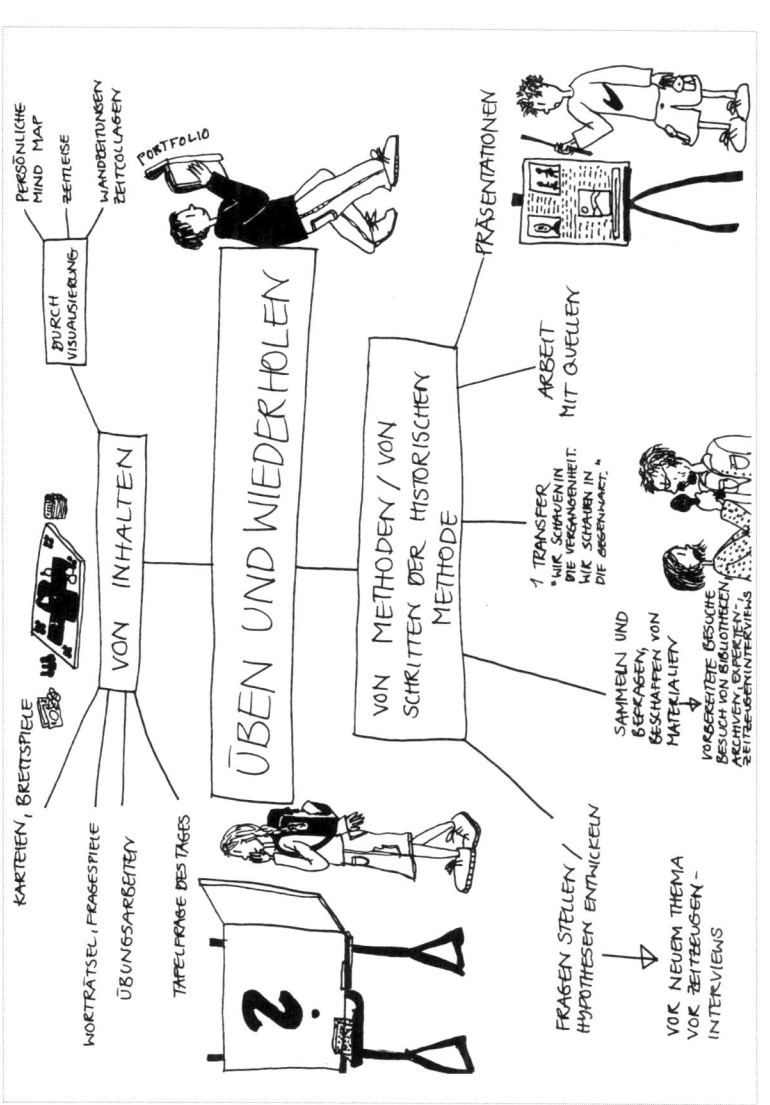

Abb. 12: Mind Map: Üben und Wiederholen

115

manche Kinder und Jugendliche spannend finden, ich halte dieses Spiel im Sekundarstufenbereich I für problematisch, weil sich Falsches verfestigen könnte.

- Am *Thementisch* wird durch das Nachschlagen in Lexika und Sachbüchern sowie das Anschauen und die Beurteilung erster Unterrichtsergebnisse („Lernen durch wechselseitiges Lernen") beständig geübt und wiederholt.
- In Partner- und Gruppenarbeiten, besonders im dialogischen Schreiben, aktivieren und wiederholen die Schülerinnen und Schüler ihr bereits erworbenes Wissen, um in der Diskussion in der Kleingruppe historische Fragen zu beantworten.
- Visualisierung ist notwendig: Viele Inhalte werden unbewusst wiederholt, wenn man sie sieht, zum Beispiel auf Zeitleisten. Lassen Sie auch von den Schülerinnen und Schülern Inhalte auf Wandzeitungen und Zeitcollagen festhalten und lassen Sie diese lange im Raum hängen.

Ein Nachschauen im *Geschichtsschrank* (vgl. S. 60 f.) führt ebenso zur Aktivierung und Bestätigung von Inhalten.

Wird ein Thema durch eine *Präsentation* mit Unterrichtsmaterialien und Schülerarbeiten abgeschlossen, ist dies die beste Form der Übung und Wiederholung. In den Überlegungen zur Präsentation durchdenken die Schülerinnen und Schüler das gerade Erarbeitete noch einmal und üben es somit ohne Zwang. Nach einer Ausstellung haben sie für einen längeren Zeitraum die Materialien und ihr schriftlich oder künstlerisch Erarbeitetes vor Augen.

- Jede Schülerin und jeder Schüler sollte gelernt haben, eine Mind Map herzustellen. Grundlage ist das gerade bearbeitete Thema. Bei der Herstellung einer persönlichen Mind Map verbindet die Schülerin/ der Schüler eine persönliche Strukturierung des Themas mit einer Wiederholung. Die Mind Maps sollten Bestandteile der *Port-Folios* (vgl. S. 119 f.) sein.
- Lassen Sie nicht eine große Lernkontrolle pro Halbjahr schreiben, die dann wie ein „großer Berg" vor den Schülerinnen und Schülern steht, sondern stellen Sie ab und zu drei kleine schriftliche Fragen zu einem überschaubaren Thema, die Sie zügig korrigieren oder nach einer Besprechung selbst korrigieren lassen. Wenn Schülerinnen und Schüler ihr Geschriebenes selbst korrigieren dürfen, sehen sie, dass das Ziel der Lernkontrolle nicht eine Benotung war, sondern eine Übung und Wiederholung.
- In einer Abschlussklasse sollte jede Schülerin und jeder Schüler seine

persönliche Zeitleiste oder Kartei erstellen, auf welchen chronologisch die gängigen Daten und Fakten unserer Geschichte festgehalten sind, um bei Bewerbungen gut gerüstet zu sein (Bestandteil des Portfolios). Leider wird in Aufnahmetests von Firmen noch immer nach Daten und Zahlen gefragt, weil solche Tests leichter zu handhaben sind als die Überprüfung der historisch-politischen Kompetenz. Als Lehrerin/Lehrer in Abschlussklassen sollten Sie, falls Ihnen die Tests der umliegenden Firmen bekannt sind, Ihren Klassen Unterstützung geben.

◆ Der Neue Geschichtsunterricht mit Lernarrangements und Präsentationen, mit kommunikativen und partnerschaftlichen Unterrichtsformen sowie Handlungsorientierung und selbständiger Urteilsbildung enthält viele wiederholende und übende Momente.

PRAXIS für das Üben/Wiederholen von *Methoden*:
- Die Schritte der *Historischen Methode* werden durch wiederholendes Anwenden geübt: Fragen stellen, Hypothesen bilden, Informationen sammeln und ordnen, Material überprüfen und interpretieren, Fragen beantworten und Antworten ausstellen/präsentieren.
- Der *Thementisch* fordert die Schülerinnen und Schüler wie selbstverständlich und immer wieder zur Heuristik und zur Kritik auf. Sie begutachten und entnehmen Materialien, sie entscheiden, ob sie diese gebrauchen können und sie ergänzen diese Materialien durch mitgebrachte Quellen/Bücher von zu Hause oder aus Bibliotheken. Sie entwickeln Methodenkompetenz.
- *Vorträge* können durch kleine Einzel- und Gruppenreferate oder durch gemeinschaftliche Ausstellungen geübt werden, wenn diese nicht Ausnahme sind, sondern zur Regel werden. Zu Anfang können kleine überschaubare Themen einzeln oder in der Gruppe vorgestellt werden. Wenn dann die Angst vor dem Vortrag vergangen ist, kann geübt werden, wie dieser besser gegliedert, spannender gestaltet oder anschaulich gehalten werden kann.

Die ersten Präsentationen der Lerngruppe können noch am Thementisch im Zusammenhang mit den Materialien stattfinden, bald danach in der Schule, vor Eltern und Geschwistern und zum Schluss im Ort, in Zeitungen oder im Internet.
- *Die Spurensuche* wird beim Besuch von außerschulischen Lernorten oder beim *Zeitzeugeninterview* geübt, und zwar durch das wiederholte Erstellen eines Fragenkataloges oder Arbeitskataloges, durch das

Proben des späteren Interviews, durch das Beobachten und Wahrnehmen, durch das sorgsame Aufarbeiten des Gehörten und Gesehenen im Klassenverband, in der Präsentation und im Portfolio.

- *Zur Arbeit mit Quellen*: Nach anfänglichen Demonstrationen durch Lehrerinnen und Lehrer erfolgt das wiederholende Einüben durch Schülerinnen und Schüler (vgl. Kap. 2.2, S. 32 ff.)
- Halten Sie Ihre Lerngruppe dazu an, sich regelmäßig über aktuelle Ereignisse und Diskussionen zu informieren und stellen Sie häufig die Frage nach dem *Transfer*, damit Ihre Schülerinnen und Schüler diese bald selbst stellen.

Zum Transfer Vergangenheit-Gegenwart können Sie ein kleines Spiel einüben: „Wir schauten in die Vergangenheit... wir schauen in die Gegenwart."

6.4 Leistungsbeobachtung – Leistungswürdigung

Die Diskussion über Sinn und Unsinn von Notengebung hilft Ihnen nicht weiter, wenn am Ende eines jeden Schulhalbjahres keine Verbalbeurteilung, sondern eine Zeugnisnote zu geben ist. Gerechte Noten kann es nicht geben, und immer noch sind Noten meist leistungsfeindlich, weil sie anders begabte Kinder und manche Kinder aus bikulturellen Familien mit sprachlichen Schwächen eher entmutigen als anspornen.

Eine Verbesserung konnte ich hier erreichen, indem ich viele kleine Leistungsmomente beobachten und bereitstellen ließ. Diese ließ ich in Form von Punkten festhalten, die ich spontan im Sitzplan, danach auf Listen notierte und die am Ende des Halbjahres eine Gesamtnote ergaben. Der Neue Geschichtsunterricht, der individuelles und gemeinsames Nachdenken sowie kommunikative und partnerschaftliche Unterrichtsformen in den Mittelpunkt stellt, bietet viele Gelegenheiten für Schülerbeobachtungen und -beurteilungen.

Welcher Art sie sind, muss jede Lehrerin und jeder Lehrer auf Grund der Zusammensetzung sowie des Leistungsvermögens der Klasse und der eigenen Ansprüche und der der einzelnen Bundesländer, die Standards für abschließende Haupt- und Realschulprüfungen festlegen, selbst finden.

Eine Gleichsetzung der in Persönlichkeit und Hintergrund immer unterschiedlichen Kinder ist ohnehin eine Illusion. Ermutigung und Ansporn zur Leistung sowie Kreativität im Auffinden von Beurteilungsmöglichkeiten sind gefragt!

PRAXIS:

Beurteilen Sie neben den üblichen mündlichen Beiträgen, neben Transferleistungen, Hausaufgaben, Lernkontrollen, Mappenführung, Einzelreferaten auch

- das Stellen von Fragen und das Bilden von Hypothesen,
- das Einbringen und Beurteilen von Materialien für den Thementisch,
- das Finden und Einbringen von Informationen, zum Beispiel zur Geschichte der Frauen (vgl. S. 124 ff.),
- das Erstellen von Unterrichtsmaterialien wie Karteien, Zeitleisten und Zeitcollagen, Rätseln und Spielen,
- die Umsetzung durch Zeichnen oder Gestalten,
- die Vorbereitung von Interviews,
- die Vorbereitung von Besuchen außerschulischer Lernorte,
- die Durchführung und Auswertung der Spurensuche,
- das Erstellen von Präsentationen,
- die Partner- und Gruppenarbeit.

Nach der Erarbeitung und Präsentation besprechen die Gruppenteilnehmer unter sich oder, wenn nötig, mit ihrer Klassengemeinschaft sowie ihrer Lehrerin oder ihrem Lehrer die Note, die sie erhalten für

- ihre Erarbeitung,
- ihre Darstellung,
- ihre Arbeitshaltung.

Eine Gruppennote hat oftmals für einige Gruppenmitglieder Vorteile, für andere Nachteile. Kinder und Jugendliche regeln dieses Problem meist selbst: Niemand wird mit einem arbeitsunwilligen Klassenkameraden auf Dauer zusammen arbeiten wollen – und niemand möchte auf Dauer allein arbeiten, so dass sich bald jede und jeder in der Gruppe anstrengen wird.

Manche Lehrenden lösen das Problem der Gruppennote so: Sie geben allen Gruppenmitgliedern die gleiche Anzahl von Punkten, zum Beispiel 6. Innerhalb der Gruppe kann danach diskutiert werden, ob jemandem ein Punkt abgezogen wird, der dann einem anderen zugesprochen wird. Dies erfordert jedoch eine sehr intakte und kluge Klassengemeinschaft.

Neu in der Leistungswürdigung und mehr als eine Mappenführung: das *Portfolio*.[5] Es steht für

- Sammeln,
- Auswählen,

- Reflektieren,
- Ordnen,
- Präsentieren,
- Orientieren,
- Ausblick geben.

Jede Schülerin und jeder Schüler führt ein Portfolio, das ist eine Sammlung mit ausgewählten Dokumenten zur bisherigen Arbeit und mit Planungen für die zukünftige Arbeit. Diese Sammlung dient der eigenen Vergewisserung und Reflexion des bisher Geleisteten und zukünftig zu Leistenden und auch der Vorlage bei der Lehrerin oder dem Lehrer zur Einsicht, Beratung und Beurteilung.

Der Schüler oder die Schülerin dokumentiert Arbeiten oder Arbeitsberichte wie oben genannt in schriftlicher Form sowie mit Hilfe der Fotografie. Dazu müssen Lehrende anfangs Hilfen und Anregungen geben. Eine Inhaltsangabe und angestrebte individuelle Arbeiten im Schuljahr geben einen Überblick für Lernende und Lehrende. Eventuell enthält das Portfolio auch einen Lernkontrakt zwischen Lehrer und Schüler, das ist eine schriftliche Aushandlung über das, was die/der Lernende in einem bestimmten Projekt leisten will, welche Hilfen er erhält und welche Voraussetzungen dafür gegeben sind.

Das Portfolio erleichtert Lehrerinnen und Lehrern besonders den Überblick über individuelle Leistungen im fächerübergreifenden Unterricht (vgl. S. 75 ff.), im Wochenplan oder der projektorientierten Arbeit, nach Exkursionen oder der Spurensuche (vgl. S. 94 ff.). Auf Schulfesten oder Elternabenden können gelungene Portfolios ausgelegt werden. Das Portfolio ist für den Neuen Geschichtsunterricht ein konsequenter und zukunftweisender Beitrag.

Nicht vergessen! Sie sollten regelmäßig Ihren eigenen Unterricht in Frage stellen. Dazu gehört, dass Sie auch die Schülerinnen und Schüler um Rückmeldung bitten, und zwar sowohl offen als auch anonym.

◆ Merke: Leistungsbeurteilung ist mehr als Notengebung. Der Neue Geschichtsunterricht bietet vielfältige Anlässe für Ermutigung, Beobachtung und Würdigung. Leistungsbeurteilung erfordert Kreativität und Absprache.

6.5 Abschlussprüfungen in der Sekundarstufe I

Fast alle Bundesländern entwickelten von 2002 bis 2004 Standards für Abschlussprüfungen in den neunten und zehnten Abschlussklassen der Sekundarstufen I, die von manchen Institutionen als Aufwertung der Sekundarabschlüsse und von anderen als „pädagogisch fragwürdig" eingestuft wurden. Neben schriftlichen Abschlussklausuren in den Hauptfächern sind Referate, Präsentationen und Projektarbeiten in Einzel- oder Gruppenarbeit Pflicht.

In Probedurchläufen der Kultusministerien hat sich gezeigt, dass die Schülerinnen und Schüler in den Schulen der mittleren Schulabschlüsse sehr unterschiedlich auf die Anforderungen zu den Einzel- und Gruppenarbeiten reagierten.

Zwei Ergebnisse sind besonders herauszuheben: Die Jugendlichen benötigten sehr viel mehr Zeit als veranschlagt wurde, und sie arbeiteten motivierter, wenn das Thema von Ihnen selbst ausgesucht worden war!

Drei Schlüsse können daraus gezogen werden:
1. Die Jugendlichen sind im selbständigen Wissenserwerb und im gemeinschaftlichen Arbeiten noch nicht genügend geübt.
2. Die Bearbeitung historischer Themen braucht Zeit.
3. Es ist effektiver, den Jugendlichen keine Themen vorzugeben, sondern sie im Finden von relevanten Themen zu unterstützen und mit ihnen eine Grundlage zur Einordnung dieser Themen zu erarbeiten.

Themen, die in den Abschlussprüfungen gewählt werden, sind häufig gesellschaftlich relevante Themen, die sich an den *„Großen Fragen"* unserer Zeit orientieren, wie zum Beispiel Familie, Arbeit, Flucht, Krieg, Migration u.a.m. Es sind Themen, die vor allem Jugendliche in Hauptschulklassen unmittelbar betreffen. Bei diesen Themen hat der *historische Kontext* eine erklärende Funktion und der betreuende Mentor die wichtige Aufgabe der Hilfestellung bei der Schaffung einer Ideenbörse und bei der Informationsbeschaffung in der Vorbereitungsphase.

Weitere Aufgaben für Lehrerinnen und Lehrer sind komplexer und vor allem auf *langfristiges Lernen (!)* ausgerichtet:
Was wird in den neuen Abschlussprüfungen unter anderem von den Jugendlichen verlangt?
• Schlüsselqualifikationen wie Team- und Kommunikationsfähigkeit,
• Konfliktfähigkeit,
• Methodenkompetenz in Materialbeschaffung und -verwertung,
• Methodenkompetenz in Problembehandlung und Problemlösung,
• Methodenkompetenz in der Präsentation.

◆ Merke: Der Neue Geschichtsunterricht mit dem Anspruch, „Geschichte selber zu denken" und „mindestens zu zweit statt allein" zu arbeiten, unterstützt die Lernenden im Erwerb von Schlüsselqualifikationen.

Wie können Sie als Lehrende Ihre Schülerinnen und Schüler
beim Erwerb dieser Schlüsselqualifikationen unterstützen?

PRAXIS, LANGFRISTIG:

Die oben genannten Schlüsselqualifikationen und Kompetenzen können sich Schülerinnen und Schüler nicht kurzfristig vor der Abschlussprüfung aneignen. Von Beginn des Geschichtsunterrichtes in der Sekundarstufe I an müssen Sie darum bereits in den ersten zwei Schuljahren die Schülerinnen und Schüler in gemeinsames wissenschaftliches Arbeiten einführen, wie wir es in diesem Buch vorschlagen. Sie schaffen so den Rahmen für Arbeitsformen, die zu den oben genannten Schlüsselqualifikationen führen, die also Kompetenzen in der Formulierung der Historischen Frage, in der Gruppenfindung, in der Informations- und Materialbeschaffung, in der Bearbeitung, in der Kommunikation und der Präsentation fördern.

- Sie ermuntern die Kinder, *Fragen zu stellen* (vgl. S. 24 f.).
- Die Schülerinnen und Schüler bearbeiten mit Hilfe des *Thementisches* (S. xxx R5) oder selbst gesuchten Materials *(Ansätze von Heuristik)* ihre Fragen. Sie lernen, das Material kritisch zu sichten (*Ansätze von Kritik)* und mit Vorkenntnissen und Assoziationen zu einer Interpretation zu verbinden *(Ansätze von Interpretation).*
- Um die Fähigkeit zu schulen, das gefundene Material auszuwerten, verweisen wir auf unsere Tipps zum angeleiteten Umgang mit *Text- und Bildquellen* (schrittweises Erlernen s.S. 30 f.).
- Die Schülerinnen und Schüler ordnen, verfassen und präsentieren ihre Ergebnisse *(narrative Antwort).*
- Auch zur Unterstützung der Konfliktfähigkeit kann der Neue Geschichtsunterricht beitragen, weil er die *multiperspektivische Betrachtungsweise* (s. S. 37 f.) fördert und Kinder erkennen, dass es nicht nur die „eine" Sichtweise gibt. Sie erfahren, dass Widersprüche eine positive Ausgangsbasis für geordnetes und notwendiges Diskutieren sind. Im Neuen Geschichtsunterricht lernen sie das *Verstehen durch Perspektivenübernahme.*
- Im Neuen Geschichtsunterricht erhalten die Schülerinnen und Schüler Methodenkompetenz in der Problembehandlung und Problemlösung sowie der Materialbeschaffung und -auswertung durch

das Lernen von Kategorien durch Selbsterfahrung (S. 98 ff.), durch den Aufbau eines Klassenraummuseums (S. 113. f.) und durch Museums- sowie Archivbesuche (S. 94 f.), durch die Arbeit der „Frauenbeauftragten" (S. 126) und durch Zeitzeugeninterviews (S. 65 ff.). Sie erhalten Schlüsselqualifikationen durch soziales, sprachliches und praktisches Handeln im handlungsorientierten Unterricht (S. 90 ff.), durch die Arbeit an Tages- und Wochenplänen (vgl. S. 67 f., 76, 132 f.) sowie durch Partner- und Gruppenarbeit allgemein.

• Um die Schülerinnen und Schüler im Erkennen relevanter Themen zu unterstützen, muss Basiswissen vorhanden und bewusster Umgang mit unserer Geschichtskultur gelernt sein. Der Neue Geschichtsunterricht unterstützt den Aufbau von Basiswissen u.a. durch Visualisierung, zum Beispiel durch *Medien wie Zeitleiste und Zeitschrank* sowie *durch Arrangements im Geschichtsraum* (S. 55 ff.), durch Wiederholungen und Übungen mit Hilfe von Präsentationen von Schülerarbeiten, Herstellung von Mind Maps und Port-Folios sowie der Erstellung einer persönlichen Zeitleiste oder Kartei (vgl. S. 111 f.). Der Neue Geschichtsunterricht unterstützt den Aufbau von Basiswissen durch eine breiter angelegte Erarbeitung mit Hilfe von Handlungsorientierung und im fächerübergreifenden Unterricht (S. 75 ff., 90 ff.).

PRAXIS, KURZFRISTIG:

Die Schülerinnen und Schüler haben in den ersten zwei Schuljahren der Sekundarstufe 1 die notwendigen Kompetenzen für die Abschlussprüfung erworben. Bei der Themenfindung können Lehrende und Lernende u.a. auf die Themen und Erfahrungen des Geschichtswettbewerbs des Bundespräsidenten zurückgreifen. Im Internet können Sie für Ihre Lehrerbücherei die Jahresbücher und Ratgeber dazu bestellen.[6] Themenschwerpunkte der letzten Wettbewerbe waren u.a.

• Sozialgeschichte des Alltags: Arbeit, Wohnen, Freizeit;
• deutsche Freiheitsbewegungen;
• Umwelt hat Geschichte;
• Unser Ort: Heimat für Fremde?
• Mensch und Verkehr in der Geschichte;
• Geschichte des Helfens;
• Protest in der Geschichte;
• Tiere in der Geschichte.

Wie könnten u.a. die Einzelthemen zu dem Oberthema „Arbeit" aussehen? Wozu könnten Absolventen der Abschlussprüfungen forschen?

Die Körber-Stiftung, Träger des Geschichtswettbewerbes, schlägt zum Beispiel vor:

Ein exemplarischer Beruf im Wandel, Lehrstellen, Kinderarbeit, Heimarbeit, Erwerbstätigkeit von Frauen, Örtliches Handwerk, Vergessene Berufe, Arbeitsrecht, Arbeitsschutz, Arbeitsbedingungen, Leiharbeit, Ehrenämter/Arbeitsdienst/Soziales Jahr, Genossenschaften, Discounter, Streiks, Arbeitsfreizeit und Maifeier.

Die oben genannten Themenschwerpunkte und Einzelthemen orientieren sich an den „Großen Fragen" und den Interessen heutiger Schülerinnen und Schüler. Sie sind alle dazu geeignet, mit Hilfe einiger in unserem Büchlein genannten Arbeitswege erarbeitet zu werden. Sie können oftmals mit einer regionalen Recherche verbunden werden.

◆ Hängen Sie im Klassenraum der Abschlussklasse ein Plakat mit Themenanregungen aus!

6.6 Motivation schaffen – besonders bei Mädchen!

Es ist selten, dass Geschichtslehrer nicht über mangelnde Motivation in der Klasse klagen. Besonders die Mädchen seien sehr still, so hört man die Praxis berichten. In der Grundschule erlebt man die Mädchen noch als motiviert, mit steigendem Alter aber nimmt das Interesse an „der" Geschichte ab. Dies liegt zum Teil an den Geschichtsbüchern, die weder Identifikationsmöglichkeiten noch besondere Themen oder Methoden für Mädchen anbieten, so dass die Schülerinnen im Laufe der Jahre zu einer nicht störenden, aber schweigenden Gruppe werden.

Geben Sie den Mädchen ihre Geschichte zurück! Thematisieren Sie mit Ihrer Klasse, warum Mädchen und Frauen in Geschichtsbüchern nur selten einen Platz haben. Erzählen Sie, dass Geschichte zumeist von Männern geschrieben wurde. Sie wurde von Männern geschrieben, weil Mädchen nicht gleichberechtigt lernen durften, Frauen kaum Zugang zur Wissenschaft hatten oder andere Zugänge zu Wissenschaft und Politik wählten, die von der männlichen Geschichtsschreibung nicht Wert gefunden wurden, aufgeschrieben zu werden.

Zählen Sie mit Ihren Schülerinnen und Schülern durch, wie viele Mädchen und Frauen im Geschichtsbuch der Klasse vorkommen. Es wird eine Minderheit sein![7] In älteren Geschichtsbüchern wurde Frauenleben oft nur im Kapitel Hexenverfolgung thematisiert. Im Kapitel Nationalsozialismus tauchten dann noch Anne Frank und Sophie Scholl auf. Allen Frauen gemeinsam ist ein trauriges Ende!

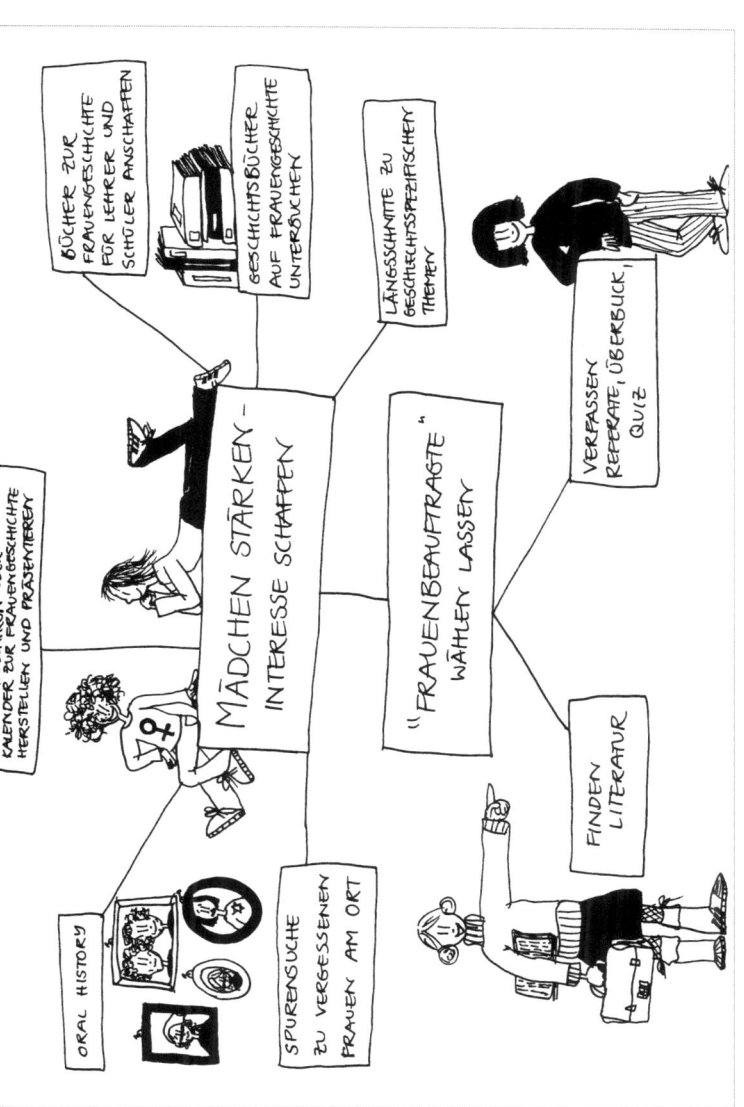

Abb. 13: Mind Map: Mädchen

125

Identifikationsfiguren für Mädchen? Wo sind sie?

Bieten Sie Ihren Schülerinnen und Schülern spannende und widersprüchliche Frauengeschichten an sowie mutige und erfolgreiche Frauenleben, die Nathalie Zemon-Davis *women worthies* nennt. Um Frauengeschichte zu thematisieren ist es nicht sinnvoll, nach berühmten Herrscherinnen Ausschau zu halten. Neben ihnen gab es zahlreiche Wissenschaftlerinnen, Künstlerinnen, Forscherinnen, Arbeiterinnen oder Mütter, die entdeckt werden sollten (s. Abb. 13, S. 125).

PRAXIS:

- Beantragen Sie für die Lehrerbibliothek und für die Schülerbücherei mehrere einfach zu erschließende Bücher über die Geschichte der Frauen zum Aufbau einer Frauenbibliothek. Diese können dann jeweils zu den beabsichtigten Unterrichtsthemen hinzugezogen werden und auf dem Thementisch bereit liegen. Empfehlungen finden Sie in der anschließenden Literaturliste.
- Wählen Sie aus Ihrer Klasse Arbeitsgruppen, sogenannte „Frauenbeauftragte". Jeweils eine der Gruppen wird von Ihnen früh genug, zum Zeitpunkt X, über den kommenden zu bearbeitenden Zeitabschnitt Y informiert. Diese Gruppe sucht dann in Ihrer „Frauenbibliothek" und in Büchereien nach Frauen aus der Epoche Y. Damit diese Arbeitsgruppe nicht überfordert ist, geben sie ihr zum Zeitpunkt X hausaufgabenfrei. Haben Sie keine Bedenken! Es ist kein Problem, wenn die Arbeitsgruppe Lücken über die Epoche X hat.

◆ Besser Lücken und Interesse als Null-Bock und Null-Ahnung! Wenn es gelingt, ein dauerhaftes Interesse an Geschichte zu wecken, werden viele Schülerinnen und Schüler ihre Lücken irgendwann selbständig schließen.

- Die Arbeitsgruppe legt die gefundenen Lexika und Bücher mit Lesezeichen auf dem Thementisch zur weiteren Bearbeitung aus.
- Sie verfasst aus den ausgewählten Büchern selbständig einen kleinen Lexikontext, etwa für jede Schülermappe oder als Plakattext für den Geschichtsraum/Klassenraum.
- Die Gruppe verfasst ein Referat und teilt der Klasse ihr erarbeitetes Wissen mit. Die Referierenden erfahren, wie wertvoll ihre Arbeit war. Sie werden in ihrem Selbstbewusstsein gestärkt. Ruhige Schülerinnen und Schüler können ihre mündliche Note verbessern.
- Die Gruppe entwirft ein Quiz: Wer war diese Frau in der jetzt von uns behandelten Epoche, über die wir euch kurz erzählen?
- Die Gruppenarbeit wird Bestandteil jedes einzelnen *Portfolios*.

Mit Hilfe der Bücher und der Kenntnisse der Arbeitsgruppen erarbeiten Sie mit der Klasse im Laufe des Jahres ein Frauengeschichtslexikon oder einen Frauenkalender

- für das eigene Portfolio (vgl. S. 119 f.),
- für die Schülerinnen und Schüler Ihrer Klasse,
- für den Geschichtsraum/Klassenraum oder für den Pausenraum,
- als Geschenk für Verwandte und Bekannte zu Feiertagen,
- als Verkaufshit auf Schulfesten.

Ihre Schülerinnen und Schüler werden sich bei dieser Arbeit wie Schatzgräber fühlen, wie richtige Forscher, denn sie haben etwas „ausgegraben" und können dies der Öffentlichkeit präsentieren. Sie haben ihre Methodenkompetenz erweitert und Erfahrungen in der Historischen Methode gemacht. Und Ihre Schülerinnen sind auf Personen getroffen, deren Biografien ihnen eventuell bei der Bildung ihrer eigenen Identität helfen.

Tipps zur Orientierung/zur Findung von Frauen in der Geschichte

Über die folgenden *Vorschläge* zu Frauen und Zeiten können Lebensbilder, Zeitkollagen, Lexikonartikel erstellt werden, szenische Spiele erarbeitet, Jugendbücher im fächerübergreifenden Unterricht gelesen werden und vieles mehr (vgl. die Kap 4-6).

- Kleopatra: Vergleich der Darstellungen in den Asterix-Comics mit solchen in Filmen, Sachbüchern oder Quellen.
- Vergleich der Rechte und Chancen der Mädchen in Ägypten und in Griechenland oder in der Antike allgemein und im Mittelalter.
- Hathumod, 12-jährige Leiterin der ersten Schule für adelige Frauen im Stift Gandersheim.
- Eleonore von Aquitanien, Königin von England und Frankreich, Kreuzfahrerin.
- Gückel von Hameln, jüdische Kauffrau in Europa.
- Hildegard von Bingen, Äbtissin, Wissenschaftlerin, kaiserliche Beraterin.
- Päpstin Johanna, Mythos und Geschichte.
- Ordensfrauen und Beginen.
- Eroberung Amerikas am Beispiel von Malinche, der Frau an der Seite von Cortés.
- Besiedlung der USA: Die Pionierfrauen des Westens.
- Maria Merian, Forscherin und Künstlerin.
- Dorothea Erxleben, erste deutsche Ärztin.
- Olympe de Gouges und der Ruf nach „Freiheit, Gleichheit, Schwesterlichkeit".
- Sojournet Truth, Kämpferin gegen die Sklaverei.
- Die Salons: Orte geistigen Austausches.
- Kolonialismus und die Romane und Filme von und nach Tanja Blixen.

- Dr. Helene Simon, Sozialrechtlerin und Begründerin der AWO.
- Büroarbeit im Wandel – über Arbeitsleben nachdenken.
- *Längsschnitte*,[8] zum Beispiel zur Ehe, zur Familie, zur Mädchenbildung, zu Kindern und Frauen im Krieg, zur Geschichte der Verhütung.
- Vor Ort empfiehlt sich eine *Spurensuche* zu besonderen oder vergessenen Mädchen und Frauen sowie Frauengruppen.
- Weitere Beispiele zu Frauen und Frauengruppen in der Geschichte: Dienstmädchen, streikende Arbeiterinnen, die ersten Studentinnen, Frauenrechtlerinnen, Frauen als Entdeckungsreisende.
  Marie Curie, Lise Meitner, Käthe Kollwitz, Rosa Luxemburg, Maria Theresia, Käthe Paulus (Berufsluftschifferin, erfand den zusammenlegbaren Fallschirm), Ida Pfeiffer (Eine Frauenfahrt um die Welt), Hedwig Dohm („Menschenrechte haben kein Geschlecht"), Bertha von Suttner (Kämpferin gegen Militarismus und Antisemitismus, Friedensnobelpreis), Clara Zetkin (Kämpferin für das Frauenwahlrecht, Abgeordnete).

Tipps für den Aufbau einer Bibliothek zur Frauengeschichte:

Borzello, Frances, Ihre eigene Welt. Frauen in der Kunstgeschichte, Hildesheim 2000 (schöner Bildband über die Arbeit von Künstlerinnen, gut für fächerübergreifendes Arbeiten mit Kunst)

Duby, Georges/Perrot, Michelle (Hrsg.): Geschichte der Frauen im Bild, Frankfurt/New York 1995 (ausgezeichnete Bildquellen mit kurzen Erläuterungen)

dieselben: Geschichte der Frauen, 5 Bände, Frankfurt/New York 1994 (Standardwerk)

Geschichte lernen, Sammelband Frauengeschichte, Velber 2002

Hausen, Karin/Wunder, Heide(Hrsg.): Frauengeschichte – Geschlechtergeschichte (Theorie für besonders interessierte Lehrerinnen und Lehrer)

Kuhn, Annette u.a.(Hrsg.): Frauen in der Geschichte Bd. 1-7, Düsseldorf 1989

Philosophinnen-Lexikon, hrsg. von Ursula I.Meyer und Heidemarie Bennent-Vahle, Leipzig 1997 (Nachschlagewerk zu 200 Philosophinnen von der Antike bis heute)

Polk, Milbry/Tiegreen, Mary: Frauen erkunden die Welt, München 2001(schöner Bildband mit Bild- und Textquellen zur Geschichte von Entdeckerinnen und Forscherinnen)

Popp, Georg (Hrsg.): Große Frauen der Geschichte, Würzburg 1994 (Taschenbuch für Jugendliche)

Schad, Martha: Frauen, die die Welt bewegten, München 2000 (je eine Doppelseite zu Frauen von der Antike bis heute, einfacher Überblick)

Sichermann, Barbara, 50 Klassiker Frauen. Die berühmtesten Frauengestalten, Hildesheim 2001 (Jugendbuch)

Schmidt, Uta C. u.a.: Als ganzer Mensch leben. Frauen in Deutschland von 1945 bis heute (Reihe: Geschichte aus erster Hand). Schwalbach 1999

Thadden, Wiebke von: Eine Tochter ist kein Sohn. Die Geschichte der Mädchen, Weinheim und Basel 2001 (Geschichtserzählung)

Weber-Kellermann, Ingeborg: Die Kindheit, Frankfurt und Leipzig 1972
Weber-Kellermann, Ingeborg: Die Familie, Frankfurt und Leipzig 1976
(beide Bände voller brauchbarer Text- und Bildquellen)
Als Spiel: Berühmte Frauen, hrsg. von Luise F. Pusch und Susanne Gretter,
Insel Verlag 1999 (Memory-Spiel über 33 große Frauen; mit vielen Spiel-
Variationen)

Kostenlos zu beziehen über die Bundeszentrale für politische Bildung:
Frauen in Deutschland. Auf dem Weg zur Gleichstellung, Informationen zur
politischen Bildung 254, Bonn 1997
Politeia. Deutsche Geschichte nach 1945 aus Frauensicht, herausgegeben
vom Lehrgebiet Frauengeschichte der Universität Bonn, 2002 (CD-
ROM)

Beispiel: Hildegard von Bingen, mehr als eine Kräuterfrau

Hildegard von Bingen, 1098 bis 1179, schon ab ihrem achten Lebens-
jahr in einer religiösen Frauengemeinschaft erzogen, Ordensfrau, Klo-
stergründerin, Ärztin, Schriftstellerin, Komponistin, Prophetin, Predi-

Abb. 14:
Hildegard von
Bingen.
Das Bild zeigt
Hildegard von
Bingen mit den
Flammen der
„Erleuchtung". Ihr
Sekretär schreibt
ihre Gedanken
geordnet ab (aus:
Großer Hildegard
Codex, Landes-
bibliothek
Wiesbaden)

gerin u.a.m., ist in ihrer Vielseitigkeit und Widersprüchlichkeit eine *woman worthie*. In der Geschichtskultur und in Schulbüchern wird Hildegard oftmals nur im Zusammenhang mit Heilkräutern erwähnt. Entdecken Sie mit Ihrer Lerngruppe die „andere Hildegard", die anerkannte europäische Gelehrte und Beraterin des deutschen Kaisers, englischen Königs sowie des Papstes.

Zu Anfang der Auseinandersetzung mit dem Thema könnten Schülerinnen und Schüler eine Recherche darüber durchführen, was in der Erwachsenenwelt und im Internet über Hildegard bekannt ist und welches Bild sich die Menschen von ihr heute machen. Es wird sich herausstellen, dass Hildegard von Bingen hauptsächlich als Nonne, Kräuterfrau und Heilige bekannt ist. Mit den folgenden kurzen Materialien können sich die Schülerinnen und Schüler ein differenzierteres, widersprüchliches Bild machen und ihre Fähigkeit zu Empathie und Perspektivenübernahme erweitern.

M 1: Auseinandersetzung mit der Ärztin und Wissenschaftlerin Hildegard von Bingen: Ein Rezept Hildegards:

> „Der Fenchel heitert den Menschen in jeglicher Zubereitung auf, bewirkt wohltuende Wärme und Schweiß und fördert die Verdauung (...). Nüchtern täglich genossen mindert der Fenchelsame den Schleim, vertreibt stinkenden Atem und macht die Augen klar. Gegen schmerzhaften Nasenschleimfluss soll der Rauch von Fenchel und viermal so viel Dill, welche auf einem glühenden Dachziegel gestreut sind, eingesogen, die erhitzten Kräuter selbst zum Brote gegessen werden; dies geschehe vier bis fünf Tage hindurch."[9]

Tipp zur handlungsorientierten Auseinandersetzung: Dachziegel im Backofen erhitzen und das Rezept ausprobieren!

M 2: Auseinandersetzung mit der „Heiligen" und Schriftstellerin Hildegard von Bingen: Hildegard beschreibt ihren Kontakt zu Gott und seine Aufträge an sie:

> „Es geschah im Jahr 1141 (...). Aus dem offenen Himmel fuhr blitzend ein feuriges Licht hernieder. Es durchdrang mein Gehirn (...), es verbrannte nicht, war aber heiß, wie die Sonne den Gegenstand erwärmt, auf den ihre Strahlen fallen. Und plötzlich erhielt ich Einsicht in die Schriftauslegung (...) und die übrigen katholischen Bücher des Alten und Neuen Testamentes. (...) Und ich sprach und schrieb nichts aus eigener Empfindung oder irgendeines Menschen, sondern wie ich es in himmlischer Eingebung sah und hörte und durch die verborgenen Geheimnisse Gottes empfing."[10]

M 4: Auseinandersetzung mit der Politikerin und Beraterin der Mächtigen Europas im 12. Jahrhundert: Hildegard mahnt zum sorgfältigen Regieren, zur Kontrolle der Untertanen und sie kritisiert das ausschweifende Leben:

Hildegard an Papst Anastasius IV.: „Daher, o Mensch, der du auf dem päpstlichen Throne sitzest, verachtest du Gott, wenn du das Böse nicht von dir schleuderst. (...) Die ganze Erde ist in Verwirrung infolge der immer neuen Irr-lehren. (...) Und du, o Rom, liegst wie in den letzten Zügen. Die Welt ist jetzt voller Ausschweifung, später wird sie in Traurigkeit sein, dann so sehr in Schrecken, dass die Menschen sich nichts daraus machen, getötet zu werden."[11]

Hildegard an Kaiser Friedrich I.: „O König, es ist dringend notwendig, dass du in deinen Handlungen vorsichtig bist. (...) Noch hast du Zeit, über irdische Dinge zu herrschen. Gib acht, dass der höchste König dich nicht zu Boden streckt wegen der Blindheit deiner Augen, die nicht richtig sehen, wie du das Zepter zum rechten Regieren in deiner Hand halten musst."[12]

Hildegard an Herzog Welf VI.: „Du bist gesetzt zum Fürsten in der Welt. Vom höchsten Gott hast du dieses Erbe, das auf die Beglückung der Untertanen hinzielt. (...) Warum also sagst du dich nicht los (...) von einem unbeständigen Lebenswandel, Großsprecherei und dem Rausch der Sündenlust? Zudem befindest du dich in tiefer Finsternis wegen deiner unrechtmäßigen Verbindung. Denn Gott will die Einehe."[13]

M 5: Auseinandersetzung mit der menschlichen Seite der Äbtissin Hildegard:

Hildegard lebte nach der Benedikt-Regel „Bete und Arbeite", die in manchen Klöstern zu einer erschöpfenden Lebensweise der Mönche und Nonnen führte. Hildegard forderte dagegen dazu auf, maßvoll zu leben. Sie verabscheute das Prassen, lehnte aber den Verzicht auf gute Nahrung, ausreichend Schlaf oder Unterwäsche (!) ab. Manche kritisierten Hildegard, weil in ihrem Kloster Fisch, Käse und Eier gegessen werden durften und die Nonnen an Festtagen mit weißen Seidenschleiern sowie offenen Haaren in der Kirche anzutreffen seien. Hildegard entgegnet dazu: „Wenn nämlich der Mensch seinen Leib maßvoll nährt, hat er einen sanftmütigen und frohen Charakter. (...) Wer dagegen durch maßlose Abstinenz seinen Leib aufreibt, kommt immer zornig daher."[14] „Für die Jungfrau (Nonne) besteht nicht die Vorschrift, die Schönheit ihres Haares zu bedecken, sondern aus eigenem freien Willen verhüllt sie in tiefster Demut ihr Haupt."[15]

Arbeitsanregungen, eventuell für einen *fächerübergreifenden Unterricht* mit Ethik/Deutsch...

Arbeitsplan für die Zeit vom ... bis.

In dieser Woche werden wir uns mit einer bekannten Frau des Mittelalters und mit den Lebensweisen in dieser Zeit auseinandersetzen. Bring Materialien von zu Hause und aus Bibliotheken zum Thema mit.

- Viele Menschen kennen Hildegard von Bingen. Befragt sie, was sie über Hildegard gehört haben. Schreibt auf und vergleicht: Führt eure Interviews in Partner- oder Gruppenarbeit durch und bündelt eure Ergebnisse. Wir werden sie im Plenum vergleichen.
- Sucht zu zweit im Internet nach Informationen über die Äbtissin Hildegard von Bingen. Druckt die wichtigsten Informationen aus. Gestaltet ein Plakat/verfasst ein Referat/eine Mind Map dazu. Überschrift: Hildegard von Bingens Darstellung im Internet.
- Bilde dir einen Eindruck von Hildegard von Bingen mit Hilfe der Materialien M1 bis M5. Vorschläge für die Umsetzung:

- Du kannst eine Charakteristik schreiben/Du kannst dir vorstellen, du bist Hildegard und schreibst einen Tagebucheintrag/Bearbeite unsere Historische Frage: Woher hatte Hildegard ihre Macht?/Wähle eine andere Frage/eine eigene Möglichkeit der Erarbeitung.
- Arbeitsteilige Gruppenarbeit: Wie lebten Frauen im Mittelalter?/ Wer waren oder sind „Heilige" und warum?/ Wer hatte Einfluss im Mittelalter, der Papst oder die Kaiser und Könige?/Wie lebten Mönche und Nonnen in Klöstern, was geschah dort?/Das Problem der Kopfbedeckung damals und heute/ Wie/wer/ was/wo...?

Suche aus den Materialien des Thementisches Texte und Bilder zur Bearbeitung einer oben genannten Frage.

Welche dieser Fragen interessiert dich besonders? Suche Mitarbeiter.

Wie wollt ihr euer Thema den anderen vorstellen?

Bildet Gruppen von 2-4 Personen.

Ich arbeite mit ...

Zur Frage ...

Zusatz und alternative Arbeitsvorschläge:

a) Recherchiere, ob es auch heute noch Nonnenklöster oder religiöse Wohngemeinschaften gibt.

b) In welchen anderen Religionen gibt es „Heilige" oder sind Dinge geschehen wie bei Hildegards „Brennung" (M2 und M3)?

c) Erarbeitet in einer Kleingruppe eine Podiumsdiskussion „Hildegard von Bingen: eine Heilige?"

d) Such dir aus den Jugendbüchern und Romanen einen Text aus, den du uns vorliest.

e) Entwirf erste Vorschläge für eine Präsentation unseres Themas.

Tipps zur Gestaltung des Thementisches:

Visualisierung: Zeitleiste, Zeitcollage, Geschichtskarte über Europa im Hochmittelalter, Plakat mit Kopie des Klosters St. Gallen (Heft Klöster, Geschichte lernen 101/2004, S.47).

Jugendbücher: Kerner, Ch.: Alle Schönheit des Himmels, Weinheim 2000 (anspruchsvolles Buch über Hildegard von Bingen). Leichter zu lesende historische „Krimis", die das Leben in Kloster, Stadt und Dorf thematisieren: Parigger, H.: Tödliche Äpfel. Würzburg 2002. Schweikert, U.: Das Jahr der Verschwörer, Würzburg 2003.

Zahlreiche *Jugendsachbücher* von Tessloff, Ravensburg, Gerstenberg etc. zum Mittelalter

Zeitungsausschnitte zur Kopftuchdebatte heute.

Literatur für Lehrende:

Diers, M.: Hildegard von Bingen, München 1998 (Taschenbuch aus der Reihe dtv-Portrait, darin auch umfangreiche Bibliographie)

Heft Klöster, Geschichte lernen 101/2004 (darin auch S. 47 der Klosterplan St. Gallen)

Weitere Literatur von und zu Hildegard von Bingen: s. Anmerkungen 9-15

Für Lehrende und Lernende: *www.lehrer-online.de/url/frauen-im-ma* (18.3.2005); Unterrichtseinheit von Markus Gloe zu „Frauen im Mittelalter" (Sek I), u.a. zu Hildegard von Bingen, mit angeleiteten Arbeitsaufgaben zu Recherchen und Präsentationen durch Schülerinnen und Schüler.

Eine Bemerkung zum Schluss

Die Unterrichtsvorschläge zur Auseinandersetzung mit Luther im Film, mit Levi Strauss als Migrant und Hildegard von Bingen dürfen nicht als Plädoyer für eine neue Personalisierung oder betonte Personifizierung missverstanden werden, wohl aber für eine Personalisierung unter Berücksichtigung der politischen, gesellschaftlichen und wirtschaftlichen Bedingungen und des Prinzips der Multiperspektivität.[16] Ich habe in den langen Jahren meiner Unterrichterfahrung von der Grundschule bis zur Universität gelernt, dass sich vielen Menschen, Kindern wie Erwachsenen, Geschichte erst erschließt, wenn sie – auf der Suche nach Erfahrung und Identität – an den Erfahrungen[17] vergangenen Lebens teilhaben können.

Ein anderer Grund für die Auseinandersetzung mit Personalisierung ist das Lernziel Fremdverstehen: In den Volksschulen der Schweiz wird häufig und ganz bewusst Geschichte mit Hilfe von Biografien einzelner Frauen und Männer erarbeitet. Ziel ist es hier, Wertmaßstäbe historischer Personen zu erkennen, zu hinterfragen und auch zu respektieren. Dieses Ziel, das Fremdverstehen, ist ein wichtiges Ziel im interkulturellen Lernen und wichtig für das Zusammenleben in der multiethnischen Klassengemeinschaft und Gesellschaft sowie Grundlage für eine Erziehung zu Demokratie.

Anmerkungen

1 Vgl. dazu ausführlich für die Sek. 1 und 2: Bernhardt, Markus: Das Spiel im Geschichtsunterricht. Schwalbach 2003

2 Vgl. Senatorensöhne, Sklavensöhne, in: Geschichte lernen Heft 45/1995, S. 19ff. Stets gehorsam und fleißig. Dienstmädchen und Stellenvermittlung, in: Praxis Geschichte 4/1998, S. 22 ff. „...und der Zukunft zugewandt!?" Erfahrungsbericht über ein Entscheidungsspiel zum 8. Mai 1945, in: Geschichte Lernen. Sammelband Geschichte lehren und lernen, Velber 1997, S.123ff

3 Vgl. Beispiel „Das große Spiel des Wissens", Spiele zur Stoffsicherung und Wiederholung, in: Geschichte Lernen. Sammelband Geschichte lehren und lernen, Velber 1997, S. 128ff. „Wir werden Millionäre" Ein Gruppenquiz zum Testen und Erweitern von historischem Wissen. und Wer oder Was? Spielerische Wiederholung von Begriffen und Namen, beide in: Geschichte lernen Heft 87/2002, S. 56ff und S. 52ff. Verschiedene Umsetzungen, z.B. Bilderrätsel, Quiz´ und Zuordnungsspiele in: Praxis Geschichte 5/2002

4 Chancen deines Lebens (Lebenssituationen und Rollenverständnis im 1.WK), in: Geschichte Lernen. Sammelband Geschichte lehren und lernen, Velber 1997, S.107ff. Beispiele für Worträtsel im Sammelband, ebenda. Bernd Menke, Das Mittelalter-Spiel, in: Geschichte lernen Sammelband Mittelalter, Velber 1994, S. 9 und Beilage Spielvorlage

5 Das Portfolio wird in den USA und auch Japan erfolgreich geführt. Es entwickelte sich in den USA in Abgrenzung zu Multiple-Choice-Tests, die oft nur Wissen abfragen und dem Durchdenken weniger Raum geben.

6 *www.geschichtswettbewerb.de*

7 Vgl. dazu: Geschichte für Mädchen, hrsg. von der Landesregierung NRW, Nachdruck 1996: höchstens 3% aller Bilder und Texte in Geschichtsbüchern beziehen sich auf Frauengeschichte!

8 Ein *Längsschnitt* untersucht eine historische Frage über eine lange Dauer. Längsschnitte wurden im alten Geschichtsunterricht nur selten durchgeführt. Häufig findet man Jugendbücher mit Längsschnitten zur technischen Geschichte, wie z.B. „Vom Einbaum zum Ozeandampfer". Solche Längsschnitte fördern unkritische Fortschrittsgläubigkeit.

9   Quelle gekürzt aus: Hildegard von Bingen: Naturkunde. Nach den Quellen übersetzt und erläutert von Peter Riethe, Salzburg 1959, S. 31

10 Quelle gekürzt aus: Hildegard von Bingen: Scivias. Wisse die Wege. Übersetzt und herausgegeben von Walburga Storch, OSB, Augsburg 1991, S. 5ff

11 Quelle gekürzt aus: Hildegard von Bingen, Briefwechsel. Nach den älteren Handschriften übersetzt und nach den Quellen erläutert von Adelgundis Führkötter OSB, Salzburg 1990, S. 40

12 ebenda S. 86

13 ebenda S. 87

14 zitiert nach Friedrich Prinz: Das wahre Leben der Heiligen, München 2003, S. 231

15 Hildegard von Bingen, Briefwechsel, S. 202

16 vgl. Klaus Bergmann: Personalisierung im Geschichtsunterricht – Erziehung zur Demokratie? Stuttgart 1972 und ders.: Geschichtsdidaktik, Schwalbach 1998, S. 158-161

17 vgl. zur Erfahrungsgeschichte Uta Daniel: Erfahrung – (k)ein Thema für Geschichtstheorie, in: L'homme, Zeitschrift für Feministische Geschichtswissenschaft Heft 1/2000, S.120-123

7. Material- und Literaturtipps für die Lehrerbibliothek

Zur Allgemeinen Didaktik der Geschichte

Barricelli, M.: Schüler erzählen Geschichte. Narrative Kompetenz im Geschichtsunterricht. Schwalbach/Ts. 2005

Bergmann, K.: Geschichtsdidaktik. Beiträge zu einer Theorie historischen Lernens. Schwalbach/Ts. 1998

Bergmann, K.: Multiperspektivität. Geschichte selber denken. Schwalbach/Ts. 2000

Bergmann, K.: Der Gegenwartsbezug im Geschichtsunterricht. Schwalbach/Ts. 2002

Bergmann, K./Kuhn, A./Rüsen, J./Schneider, G. (Hrsg.): Handbuch der Geschichtsdidaktik. Seelze 1997

Bergmann, K./Rohrbach, R. (Hrsg.): Kinder entdecken Geschichte. Schwalbach/Ts. 2001

Bernhardt, M.: Das Spiel im Geschichtsunterricht. Schwalbach/Ts. 2003

Borries, B.v.: Lebendiges Geschichtslernen. Bausteine zu Theorie und Pragmatik, Empirie und Normfrage. Schwalbach/Ts. 2004

Demantowsky, M./Schönemann, B. (Hrsg.): Neue geschichtsdidaktische Positionen. Bochum 2002

Dittmer, S. (Hrsg.): Spurensucher. Ein Praxisbuch für historische Projektarbeit. Weinheim/Basel 1997

Gautschi, P.: Geschichte lehren. Bern 1999

Günther-Arndt,H. (Hrsg.): Geschichtsdidaktik. Berlin 2003

Körber, A. (Hrsg.): Geschichte – Leben – Lernen. Schwalbach 2003

Mayer/Pandel/Schneider (Hrsg.): Handbuch Methoden im Geschichtsunterricht, Schwalbach/Ts. 2004

Oswalt,V.: Multimediale Programme im Geschichtsunterricht. Schwalbach/Ts. 2002

Pandel, H.-J.: Quelleninterpretationen. Schwalbach/Ts. 2000

Pandel, H.J./Schneider, G. (Hrsg.): Handbuch Medien im Geschichtsunterricht. Schwalbach/Ts. 1999

Pandel, H.J./Schneider, G. (Hrsg.): Wie weiter? Die Zukunft des Geschichtsunterrichts. Schwalbach/Ts. 2001

Sauer, M.: Bilder im Geschichtsunterricht. Seelze 2000

Sauer, M.: Geschichte unterrichten. Seelze 2001

Schneider, G.: Gelungene Einstiege. Schwalbach/Ts. 1999

Schneider,G. (Hrsg.): Die visuelle Dimension des Historischen. Schwalbach/Ts. 2002

Völkel, B.: Handlungsorientierung im Geschichtsunterricht. Schwalbach/Ts. 2005

Zur Allgemeinen Didaktik und Methodik:
Jank, W./Meyer, H.: Didaktische Modelle. Frankfurt 1994
Mattes, W.: Methoden für den Unterricht. Paderborn 2002
Meyer, H.: Unterrichtsmethoden Bd.I und II, Frankfurt 1987
Meyer, H.: Leitfaden zur Unterrichtsvorbereitung, Berlin 1999

Zeitschriften:
Geschichte in Wissenschaft und Unterricht (GWU), Friedrich Verlag, Postfach 10 01 50, 30917 Seelze.
Geschichte lernen, Friedrich Verlag, Anschrift s.o., dazu besonders Sonderhefte und Sammelbände Antike, Mittelalter, NS, Unterrichtsmethoden, Frauengeschichte, Lernbox Geschichte: Das Methodenbuch. CDs Lieder und Reden
Praxis Geschichte, Westermann Schulbuchverlag, Postfach 49 38, 38039 Braunschweig
Geschichte aus erster Hand, Wochenschau Quellenhefte Geschichte. Wochenschau Verlag, Adolf-Damaschke-Str. 10, 65824 Schwalbach/Ts., *www.wochenschau-verlag.de*

Geschichtserzählungen und -überblicke:
Lexika, Duden, Enzyklopädien, Geschichtsüberblicke, Atlanten u.a. für die Thementische
Parigger, H.: Geschichte erzählt. Von der Antike bis zum 20. Jahrhundert, Frankfurt/M 1994
Rak, Alexandra (Hrsg.): Von Gestern und Morgen. Mit 21 Autoren durch zwanzig und ein Jahrhundert, Hamburg 2000

Woher bekomme ich Informationen und kostenloses Material?
Arbeitskreis für Jugendliteratur, Schlörstr. 10, 80634 München, Tel.089-168 40 52
Börsenverein des Deutschen Buchhandels, Postfach 10 04 42, 60004 Frankfurt, Tel. 069-1306-356 (kostenlose Unterlagen zur Aktion „Das lesende Klassenzimmer" mit Buchtipps)
Bundeszentrale für pol. Bildung, Postfach 2325 , 53015 Bonn (kostenloses Verzeichnis der Publikationen anfordern) BPB Vertrieb, PF 1149, 53333 Meckenheim, *www.bpb.de*
„Eine Welt in der Schule", Prof. Dr. Rudolf Schmitt, Universität Bremen, FB 12, Postfach 330 440, 28334 Bremen, Tel. 0421-7218-2963, *www.weltinderschule.uni-bremen.de*
Filmbildstellen der Landkreise, Landesbildstellen, Evangelische und Katholische Medienzentralen, ZDF und ARD, s. Einzeladressen im Internet.
FWU Institut für Film und Bild in Wissenschaft und Unterricht, Bavariafilmplatz 3, 83031 Grünwald. Tel. 089-64971. *www.fwu.de*
Landesinstitute für Pädagogik (kostenloses Unterrichtsmaterial), siehe Einzeladressen im Internet.

Misereor Medienproduktion und Verlag, Postfach 1450, 52015 Aachen, Tel. 0241-479 86 42 (kostenlos: Gesamtkatalog für Unterrichtsmaterialien und „Eine-Welt-Bücherdienst")

Schülerwettbeweb Deutsche Geschichte, Kurt-A.-Körber-Chaussee 10, 21033 Hamburg. Tel. 040-725 03 888. Unterrichtsmaterialien zu den Schülerwettbewerben. CD-Rom über alle preisgekrönten Arbeiten von 1973 bis 1997. *www.geschichtswettbewerb.de*

Stiftung Lesen, Fischtorplatz 23 , 55116 Mainz , Tel. 06131-28 89 00

Unicef Referat für entwicklungsbezogene Bildung, Höninger Weg 104, 50969 Köln, Tel. 0221-93 650-0

WOCHEN SCHAU VERLAG
... ein Begriff für politische Bildung

Christian Kuchler

Historische Orte im Geschichtsunterricht

Historische Orte können im Geschichtsunterricht als vielschichtige Quellen genutzt werden, die Schülerinnen und Schülern einen multisensorischen Zugang zum Fach Geschichte eröffnen.

Der Band stellt dar, wie nachhaltig Lernende profitieren, wenn Exkursionen zu Schauplätzen von geschichtlichen Ereignissen oder zu Orten durchgeführt werden, an denen Strukturen der Vergangenheit oder Veränderungen im Verlauf der Zeit sichtbar sind. Geschichtsunterricht am historischen Ort bereichert also das historische Lernen.

Neben einer fundierten theoretischen Einbettung des historischen Lernens an historischen Orten stellt der Band ausführlich Methoden vor, die im schulischen Rahmen ertragreiches Arbeiten ermöglichen. Ausgewählte Beispiele aus allen historischen Epochen belegen, wie Lernen an historischen Orten gelingen kann.

ISBN 978-3-89974779-9,
160 S., € 14,80

Mit Praxisbeiträgen von
Christan Bunnenberg, Martin Clauss, Andreas Hidasi und Friederike Hübner

INFOSERVICE: Neuheiten für Ihr Fachgebiet unter **www.wochenschau-verlag.de** | Jetzt anmelden!

A.-Damaschke-Str. 10, 65 824 Schwalbach/Ts., Tel.: 06196/86065, Fax: 06196/86060, info@wochenschau-verlag.de

**WOCHEN
SCHAU
VERLAG**

... ein Begriff für politische Bildung

Karikaturen
im Unterricht

Ulrich Schnakenberg

Geschichte in Karikaturen
Karikaturen als Quelle
1945 bis heute